视 觉 营 销

主　编　黄　煜　　黄朝华
副主编　赵　婷　　农琴玉　　黄　睿

电子工业出版社
Publishing House of Electronics Industry
北京·BEIJING

内 容 简 介

在互联网时代，视觉营销是电子商务必不可少的营销手段之一，主要利用色彩、图像、文案等元素增加网店与商品的吸引力，吸引消费者的关注，从而达到营销制胜的效果。本书详细介绍了视觉营销的相关知识，并且结合实践案例对理论知识进行操作上的指导。本书主要内容包括视觉营销概论、商品图片的视觉营销、品牌标志的视觉营销、网店的视觉营销、文案的视觉化、PC 端网店视觉装修设计、手机端网店视觉装修设计。

本书可作为中职院校电子商务专业公共课教材及相关专业课教材，也可作为相关从业人员为提升美工作品审美能力和视觉营销能力的参考用书。

未经许可，不得以任何方式复制或抄袭本书之部分或全部内容。
版权所有，侵权必究。

图书在版编目（CIP）数据

视觉营销 / 黄煜，黄朝华主编．—北京：电子工业出版社，2021.1
ISBN 978-7-121-40481-8

Ⅰ．①视… Ⅱ．①黄… ②黄… Ⅲ．①网络营销 Ⅳ．① F713.365.2

中国版本图书馆 CIP 数据核字（2021）第 010796 号

责任编辑：祁玉芹
文字编辑：李　爽
印　　刷：中国电影出版社印刷厂
装　　订：中国电影出版社印刷厂
出版发行：电子工业出版社
　　　　　北京市海淀区万寿路 173 信箱　邮编：100036
开　　本：787×1092　1/16　印张：14.5　字数：344 千字
版　　次：2021 年 1 月第 1 版
印　　次：2024 年 2 月第 3 次印刷
定　　价：49.80 元

凡所购买电子工业出版社图书有缺损问题，请向购买书店调换。若书店售缺，请与本社发行部联系，联系及邮购电话：（010）88254888，88258888。
质量投诉请发邮件至 zlts@phei.com.cn，盗版侵权举报请发邮件至 dbqq@phei.com.cn。
本书咨询联系方式：qiyuqin@phei.com.cn。

编委会名单

主　编　黄　煜　黄朝华
副主编　赵　婷　农琴玉　黄　睿
参　编　覃瑜庆　桂　冠　石登和
　　　　韦柳莉　苏光莹
编　委　谢显能　毛迎春　杨　红

前言 PERFACE

在互联网时代，购物方式多样化决定了营销方式的多样化，视觉无疑是引起关注、提升好感、促进销售的重要法宝。视觉是一种无声的语音，是引导消费者深入了解产品的最快速方法。视觉营销则是立足于电子商务交易平台的视觉设计，为了实现营销目标而发展起来的营销方式。当消费者在短暂的时间内能够通过品牌标志、海报、广告语等视觉内容去了解商品特性和品牌文化时，经过启发思维、加深印象之后，视觉营销的第一步已经完成了。

职业院校开设视觉营销课程的最终目的是为市场培养更多的专业性营销人才。在教学过程中，本教材以美工岗位职责要求为教学标准，更注重学生实践能力的培养。在学习了网络营销基础知识、图形图像处理工具的使用等基础性课程后，开设视觉营销课程，能够提升中职学生的美工作品在网店装修中的实际应用效果，使学生可以根据市场变化，结合商品特性和价值，来策划、制定营销策略，从而提升学生的专业素养，提高学生专业知识的应用能力。

本书从"互联网+"时代消费者行为习惯和营销思维的角度思考，以模块化划分了视觉营销的各个知识要素，既有对新知识的学习和了解，也有对已学知识的整合和归纳；既有针对美工作品在电子商务交易平台中的应用标准，也对标了中职生技能大赛中的作品评分标准；既有根据学生认知规律而设置的阶梯式递进学习，也有根据市场需求而设置的综合性整合学习。此外，还针对岗位需求和教学重、难点精心编制了微课、PPT等辅助教学资料。因此，本书适用于中职院校电子商务专业学生，也适用于想要进一步提升美工作品审美能力和视觉营销能力的电子商务从业人员。

本书的编写以市场经济形式和岗位标准为依据，编者分工合理、明确，其中农琴玉编写了第一章，黄煜、赵婷编写了第二章，覃瑜庆、桂冠、石登和编写了第三章，韦柳莉、覃瑜庆、苏光莹编写了第四章，赵婷编写了第五章，黄朝华编写了第六章，黄睿编写了第七章，谢显能、杨红（企业）、毛迎春（企业）等人进行专业性建议，在编写过程中，参考了相关文献资料，在此表示感谢。敬请广大读者批评指正。

编者

目 录 CONTENTS

第 1 章　视觉营销概论　001

1.1　什么是视觉营销　003
　　活动　视觉营销的力量　003
1.2　了解视觉营销岗位　004
　　活动　电商企业中的视觉营销岗位　004
1.3　视觉设计的基本法则　006
　　活动 1　色彩搭配法则　006
　　活动 2　电商图片的布局方式　010
　　活动 3　文字应用法则　014

第 2 章　商品图片的视觉营销　017

2.1　如何挖掘商品卖点　019
　　活动　商品卖点挖掘　019
2.2　如何获得卖点突出的图片　027

视觉营销

活动 1	商品拍摄的常用布光	027
活动 2	商品的造型与摆放	033
活动 3	如何获得优质的商品图片	038

第 3 章　品牌标志的视觉营销　043

3.1　品牌标志的识别与分析　045
　　活动　品牌标志解析　045
3.2　品牌标志制作　053
　　活动 1　品牌标志的制作原则　053
　　活动 2　品牌标志制作的技巧　056
3.3　加深品牌印象的商品标签　059
　　活动 1　商品标签设计　059
　　活动 2　广告语的设计与制作　063

第 4 章　网店的视觉营销　069

4.1　网店导航的类目细分　071
　　活动　网店导航设计　071
4.2　网店的首页设置　074
　　活动　认识网店首页　074
4.3　爆款的分析以及打造方法　080
　　活动　爆款的打造　080
4.4　商品关联销售　085
　　活动　关联销售的应用　085

第 5 章　文案的视觉化　　093

- 5.1 让文案视觉化　　095
  - 活动 1　文案与视觉营销　　095
  - 活动 2　文案视觉化的完美设计　　102
- 5.2 卖点营销文案　　108
  - 活动 1　商品的卖点　　108
  - 活动 2　商品卖点如何写才能吸引消费者　　113
- 5.3 痛点营销文案　　117
  - 活动　痛点营销文案的设计　　117
- 5.4 促销营销文案　　121
  - 活动　促销营销文案的设计　　121
- 5.5 活动营销文案　　126
  - 活动　活动营销文案的设计　　127

第 6 章　PC 端网店视觉装修设计　　131

- 6.1 商品主图设计　　133
  - 活动 1　了解商品主图　　133
  - 活动 2　设计优质商品主图　　140
- 6.2 商品海报设计　　147
  - 活动 1　商品海报视觉分析　　147
  - 活动 2　制作有辨识度的商品海报　　155
- 6.3 活动海报设计　　164
  - 活动 1　准确的信息传达　　164
  - 活动 2　制作有吸引力的活动海报　　171

6.4	商品详情页设计	178
	活动 1　明确商品详情页的转化作用	178
	活动 2　制作有吸引力的商品详情页	184

第 7 章　手机端网店视觉装修设计　　191

7.1	首页设计	193
	活动 1　熟悉手机端网店首页	193
	活动 2　手机端网店首页的模块组成	197
	活动 3　手机端网店首页的装修	204
7.2	关键模块设计	209
	活动 1　店招设计	209
	活动 2　分类导航模块设计	212
	活动 3　商品详情页设计	215
	活动 4　活动页设计	220

第 1 章
视觉营销概论

人主要靠听觉、视觉、触觉、嗅觉获取外界信息，其中，80%以上的信息是通过视觉获得的。在电子商务销售平台上，商家通过视频、图片、声音、文字等载体把商品信息传递给消费者。除声音外，其他信息都是通过视觉实现传递。

本章将帮助同学们了解并掌握视觉营销的概念，引领大家了解视觉营销岗位的工作职责及要求，同时掌握视觉设计的色彩搭配、电商图片的布局方式及文字的应用法则。

| 视觉营销

学习目标

通过本章的学习和实践,你能够:
(1) 掌握视觉营销的概念;
(2) 了解视觉营销岗位的工作职责及要求;
(3) 掌握视觉设计的色彩搭配、电商图片的布局方式及文字的应用法则。

【任务导入】

小明是一名电子商务专业的中职生。在专业课上,小明对自己设计的海报不满意,和那些大品牌的海报对比起来总觉得有很大差距。小明不明白问题出在了哪里,迷茫至极,于是向老师请教。老师建议他再学习一些视觉营销知识。

【任务解析】

在当下竞争如此激烈的电商市场上,商家必须利用视觉营销的手段来吸引潜在消费者的关注,激发消费者的购买欲望,从而实现销售的目的。一个人对另一个人的第一印象在见面后的第7秒即可形成,而网站或网店给人留下第一印象所需要的时间则更短。美观、专业的网店装修,以及定位精准且富有创意的商品海报,可以成为商品销售的加分项,激发消费者下订单购买的动力。

商家利用视觉营销可通过用图像、色彩、文字等元素造成的强烈冲击力来获得人们的认可,把消费者吸引进店,提升网店流量,并且刺激消费者的购物欲望,把流量转化为成交量。

第1章 视觉营销概论

1.1 什么是视觉营销

活动 视觉营销的力量

【小任务】

视觉营销（Visual Merchandising），是指通过视觉的冲击和审美视觉观感，提高潜在消费者认可度，从而达到商品营销或品牌推广的目的。成功的视觉营销绝不是简单的商品展示，而应该是用一种让观者感觉舒适、愉悦或震撼的方式，去准确演绎和传达商品的核心价值、品牌的精神与追求。为了让小明对视觉营销的重要性有更进一步的认识，老师决定让小明去搜集一些典型的视觉营销案例进行分析学习。

【活动指导】

在现实生活中，不乏视觉营销成功或失败的案例。研究公司 Codex Group LLC 根据亚马逊上图书的销售数据给出了一份报告。报告表明，为了吸引网络购书群体，出版社越来越注重书本的封面设计。通过对销售数据进行进一步分析，研究公司发现亮黄色的封面能让书本更加吸引购书者的注意力。2010 年 10 月，美国休闲服装品牌 Gap 在官网发布了新标志，代替已使用超过 20 年的旧版蓝底白字标志，如图 1.1.1 所示。新商标发布不久就迅速引发了消费者的不满，给 Gap 带来了一场公关危机。Gap 的新商标自公布之日起，只存在了 11 天便被无奈弃用。日本鹿儿岛县某家日用品卖场里销售一款园艺用的小铲，之前卖场通常只标示"盆栽用铲××日元"，只是告知顾客商品的名称及价格，因此一般顾客只知道这是盆栽专用的铲子。后来这家卖场制作了一张展示铲子各种用途的广告图放置在铲子旁边。结果，这款过去 1 年只卖出 4 把的滞销盆栽用铲，后来 1 年可卖出

图 1.1.1 GAP 的经典标志（左）与被弃用的新标志

| 视觉营销

将近 500 把。从这些案例中不难看出，消费者对视觉所获取的信息所做出的不同反应，对商品的销售产生重大影响。因此，任何企业都必须重视视觉营销活动。

【活动实施】

做一做：

通过网络查找知名企业（品牌）更换新标志的视觉营销案例，分析其营销效果并填写表 1.1.1，从而明确视觉营销的重要性。

表 1.1.1 企业（品牌）更换标志案例分析

企业（品牌）	视觉营销内容	营销效果

【活动评价】

科学合理的视觉营销能发挥巨大的力量，有助于树立良好的企业（品牌）形象，大幅提升销售量。根据收集到的资料，小明更加意识到了视觉营销的重要性。他下定决心要掌握好视觉营销知识，把所学到的视觉营销知识更好地应用到自己的创作实践中。

1.2 了解视觉营销岗位

活动 电商企业中的视觉营销岗位

【小任务】

在电子商务营销中，商家要依靠制作精良而又能激发购买欲望的商品海报、商品图片、商品详情页等来吸引消费者进店浏览及购买。这些工作重要而复杂。因此，在实践中，小明需要一个团队，合作完成融合视觉营销理念的网店装修任务。本活动的小任务，就是帮助小明了解视觉营销岗位的工作职责及工作要求，为下一步组建团队进行合理分工做准备。

【活动指导】

视觉营销相关岗位按照其发展空间不同，可大致分为视觉营销专员、视觉营销主管、视觉营销经理、视觉营销总监。视觉营销专员的工作职责及要求如下。

一、视觉营销专员工作职责

（1）负责网店整体版面设计，包括风格定位、编辑、改版、更新、美化等；
（2）负责网店活动期间活动宣传版面的设计排版，制作推广宣传图、推广图片等；
（3）负责商品上新，优化宝贝（商品）描述、美化商品图片及商品的上下架；
（4）根据要求定期更新主页，负责定期更新促销图片和页面，配合网店销售活动，美化修改商品页面。

二、视觉营销专员工作要求

（1）需要有设计思维、创新思维，有美术基础；
（2）精通 Photoshop、CorelDRAW 或 AI 等相关设计软件；
（3）拥有良好的平面设计功底、色彩感和时尚敏锐度；
（4）思路清晰，善于沟通，有团队合作精神。

【活动实施】

做一做：

（1）登录招聘网站，查找大中小型企业中网店视觉营销岗位的招聘信息，从中了解不同规模的电商企业对视觉营销岗位的用人需求。根据查找到的信息填写表1.2.1。

表 1.2.1 大中小型企业视觉营销岗位招聘信息

企业名称	企业规模	视觉营销岗位工作职责及要求	招聘人数	薪资待遇	工作地点

（2）通过收集招聘信息，小明对照视觉营销岗位中的工作职责及要求，发现电商企

视觉营销

业对视觉营销岗位的用人需求非常普遍。他确定以此作为自己的职业目标。如果你也打算以此为职业目标，请进一步分析现阶段自身存在的优势和不足，明确自身下一步需要努力的方向。

【活动评价】

根据收集到的资料，小明对视觉营销岗位有了更清晰的认识，明确了自己需要具备哪些能力才能胜任这类岗位，也对自己未来的职业有了更具体的规划。

1.3　视觉设计的基本法则

活动1　色彩搭配法则

【小任务】

俄罗斯著名画家列宾说过："色彩即思想。"一幅完整的设计作品中主要包含色彩、图像、文字三个要素，而色彩排在首位。人们对色彩的感觉是十分敏感的，有时候通过颜色就可以快速调动人的某一种情绪、情感甚至回忆。在本次活动中，小明要掌握基本的色彩搭配原理及色轮的使用方法。

【活动指导】

在视觉设计中，设计者不仅要考虑想表达的内容，同时要遵循色彩规律，这样才可能达到最优的设计效果。不同的颜色组合适用于不同的作品，但基本的色彩原理是我们必须掌握的。

一、色轮上的颜色

1. 原色

原色是指不能通过其他颜色的混合调配得出的"基本色"。人的眼睛是根据所感知的光的波长来识别颜色的。可见光谱中的大部分颜色可以由三种基本色光按不同的比例混合而成，这三种基本色光的颜色就是红（Red）、绿（Green）、蓝（Blue），称为光学三原色；而色彩三原色为红、黄、蓝（如图 1.3.1）。

图 1.3.1　色彩三原色

2. 间色

间色，亦称"第二次色"（如图 1.3.2）。把色彩三原色中的红色与黄色等量调配就可以得出橙色，把黄色与蓝色等量调配则可以得出绿色，把蓝色与红色等量调配得出紫色。因此，橙色、绿色、紫色即是我们所说的间色。将这些间色组合在一起，可产生强烈的视觉对比（如图 1.3.3）。

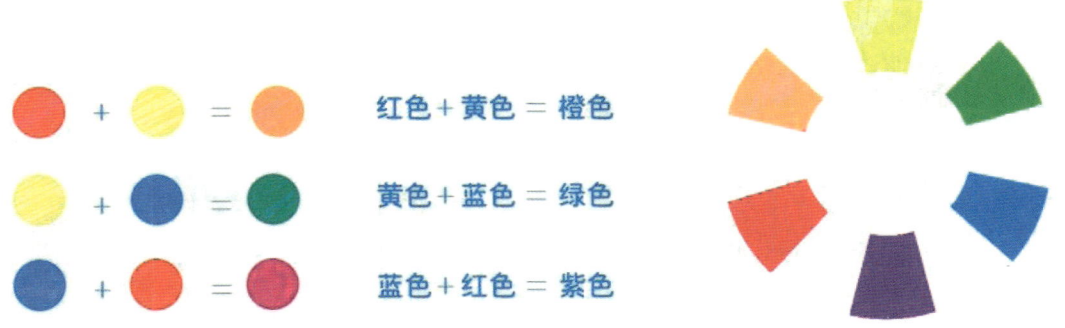

图 1.3.2　三间色的产生　　　　　图 1.3.3　"三原色＋三间色"的色轮

3. 复色

复色，即"第三次色"。第三次色是由原色和第二次色混合而成的颜色，分别是红紫色、蓝紫色、蓝绿色、黄绿色、橙色和橙黄色。第三次色在色相环中处于原色和第二次色之间。通常原色的饱和度最高，复色的饱和度最低，因此，我们还把复色称之为"某灰色"。

从图 1.3.4 中可以了解到色轮是从何而来的。利用色轮，可以学习更多色彩运用知识。

视觉营销

图 1.3.4 "三原色 + 三间色 + 复色"的色轮

二、色轮的使用

1. 互补色

在色轮中处在对角线位置的两种颜色为互补色。互补色可以形成强烈的对比，在高色彩饱和度下，互补色两两组合，可以形成十分震撼的视觉效果（如图 1.3.5）。

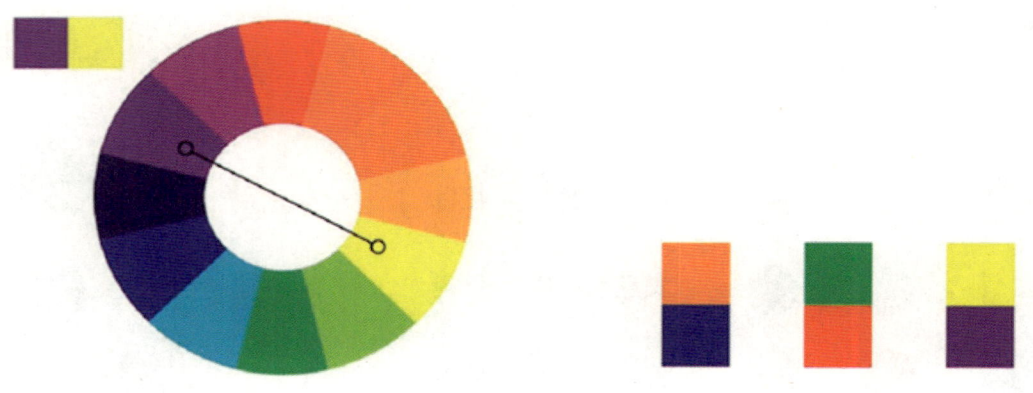

图 1.3.5 互补色的色轮

2. 分散的互补色

分散的互补色和互补色的区别在于，前者并不是取目标颜色正对面的颜色。如图 1.3.5 所示，绿色的互补色应该是红色，但如果我们取红色两边的紫红色和橙红色，则形成了分散的互补色组合。分散的互补色组合不仅可以像互补色一样形成强烈的视觉对比度，而且还可以让画面颜色更丰富（如图 1.3.6）。

第1章 视觉营销概论

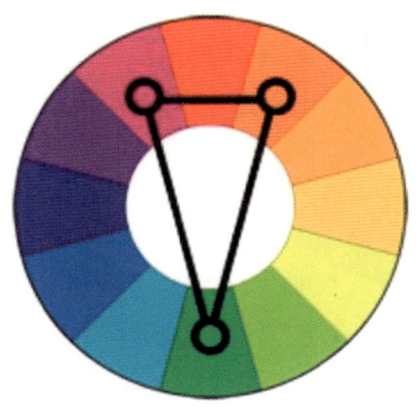

图 1.3.6 分散的互补色

3. 相似色

色轮上任意90°角以内三个相邻的颜色即为相似色（如图1.3.7）。相似色不仅可以在同一个色调中形成丰富的质感和层次感，还能表现出柔和的特殊效果，令人感觉柔中带刚，视觉效果更为缓和舒适。

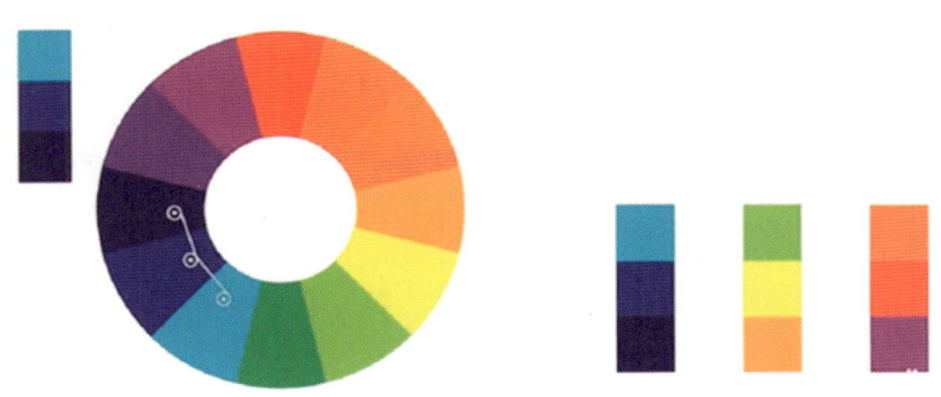

图 1.3.7 相似色的色轮

4. 三角色

通过在色轮上创建一个等边三角形来取出的一组颜色即为三角色（如图1.3.8）。常见的恰当的三角色组合有紫色、黄色和蓝色；深紫色、橘黄色和绿色；深蓝色、橘色和米绿色。三角色不仅能表现出色彩对比的视觉效果，还能很好地体现出画面的整体层次感，让作品的颜色更丰富，展现年轻、奔放、独特的感觉。

视觉营销

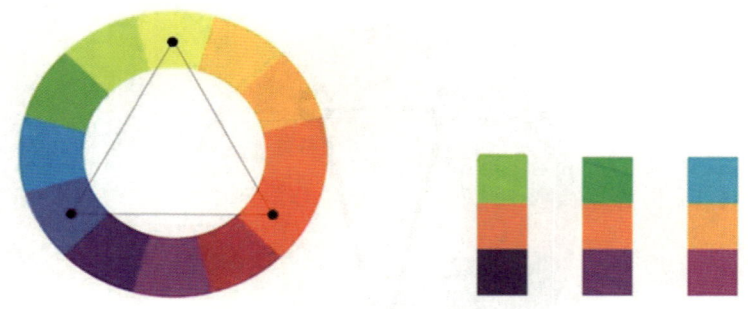

图 1.3.8 三角色的色轮

通过不同的颜色搭配，可以创造出不同视觉效果的图像。科学的色彩组合可以使作品更容易获得浏览者的关注，让图像更具力量。同时，通过颜色可以建立联想，更好地传达情感信息。因此，在设计的时候应该科学合理地选用颜色。

【活动实施】

想一想：

在网络上查找符合互补色、相似色、三角色原理的图片，描述这些图片给人的视觉感受。

做一做：

利用互补色、相似色、三角色原理，利用 Photoshop 软件分别创建三组图片，分别命名为"互补色组合 .jpg""相似色组合 .jpg""三角色组合 .jpg"。

【活动评价】

通过以上两项作业，小明认识了色轮，也对色彩搭配有了更直观的感受，为后期的海报设计、商品详情页制作等任务奠定了基础。

活动 2　电商图片的布局方式

【小任务】

当今这个知识爆炸的时代，也是一个读图时代。新颖的图片设计不仅可以清晰明确地表达出设计者想要体现的主题与意图，同时也使浏览者在较短时间内获得较大的信息量，给浏览者带来美好的视觉艺术享受。

第1章 视觉营销概论

【活动指导】

一、视觉设计要求

成功的视觉设计作品应达到以下要求：

（1）充分抓住浏览者眼球；

（2）准确传递信息；

（3）在通过整图吸引浏览者注意力后，再将其注意力引向文字描述。

在电子商务视觉设计中，图片的布局设计可以灵活多变，但一定要注意结合设计对象的企业形象、商品功能及使用情境、商品背后的文化背景等，同时要遵循信息的传递与关联、形象表达等问题。

二、几种电商图片布局方式

在图1.3.9的布局方式中，采用百事可乐经典蓝色品牌色制作的图片作为整幅画面背景，商品放在中间位置的天猫标志内，视觉上能突出商品与天猫双十一活动这两者的融合。顶部和底部文字在位置上的斜线位移，打破了传统的方正布局方式，既实现了视觉上的平衡又使画面不陷入死板。

图1.3.9 布局方式1

图1.3.10与图1.3.11的布局方式中，图片与文字各占1/2版面。整个画面将满未满，两侧小范围的留白使人的视觉感受较为舒展。

图1.3.10 布局方式2

视觉营销

图 1.3.11 布局方式 3

在图 1.3.12 的布局方式中，以图片作为整体背景，关键文案放置在画面正中，引人注目。此外，还在图片的正下方位置添加了辅助文案，既丰富了海报内容，也使得海报在视觉上有了延伸感及层次感。

图 1.3.12 布局方式 4

图 1.3.13 的采用对联式布局方式，即商品图占据正中位置，相关文案分别排列在图片左右两侧。文案采用两种颜色、不同字号、中英结合等形式，避免了呆滞和死板。

图 1.3.13 布局方式 5

在图 1.3.14 的布局方式中，左侧文字部分几乎占满 3/5 版面，右侧商品图片则稍有留白。整个画面既丰满又不至于太拥挤。在设计制作中，也可以用这一布局方式制作。图片在左文案在右的海报，与此所达到的效果是一样的。

第1章 视觉营销概论

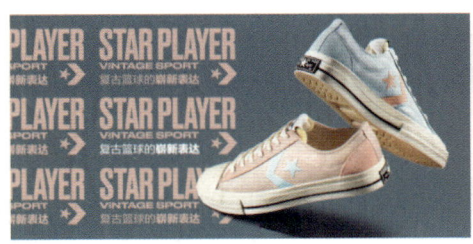
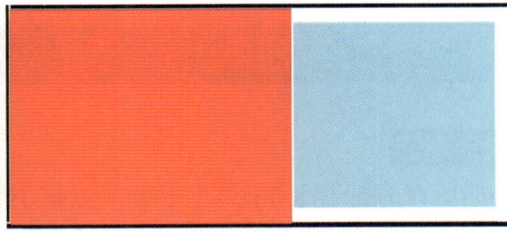

图 1.3.14 布局方式 6

在图 1.3.15 的布局方式中，主体文案在页面左侧，商品图片在页面右侧。此外，还在商品图案下方添加辅助文案，使得页面丰富不单调。

图 1.3.15 布局方式 7

图 1.3.16 与图 1.3.17 同属于较为灵动的布局方式。多幅图片的搭配使用与新颖的文案排版使海报非常有特色，能使观者眼前一亮。同时，这两幅海报在色彩上大胆而又协调的撞色搭配，使得海报的视觉效果更为出彩，非常符合喜欢潮流事物的年轻人的审美。

图 1.3.16 布局方式 8

图 1.3.17 布局方式 9

013

| 视觉营销

【活动实施】

做一做：

小明所在的电子商务社团要招新了，请小明运用以上电商图片布局方式中的一种，制作一张电子商务社团招新海报。

【活动评价】

通过本次活动的学习与实践，小明意识到，一张能成功吸引消费者注意并能传递企业信息的电商图片是需要精心设计的。小明对于图片的布局设计有了更深入的了解，对于设计与制作电商图片更有信心了。

活动3 文字应用法则

【小任务】

文字最基本的功能是实现信息传播。设计电商作品中的文字时既要考虑向浏览者传达商品、企业、品牌的信息，同时还要兼顾文字在视觉传达中的美感。因此，在作品设计中就必须考虑文字的整体呈现效果。图片中的文字应避免繁杂零乱，使人易认易懂。此外，文字的存在不能只是为了设计而设计。尤其在商品广告的文字设计上，更应该认识到每一条标题，每一种字体字号，乃至每一个商品品牌都是有其自身内涵的，将它准确无误地传达给消费者，才是文字设计的目的。

【活动指导】

一、文字设计风格

根据文字字体的特性和使用类型，电商图片中文字的设计风格可以分为下列几种：

（1）秀丽柔美。字体线条流畅、柔美清新，适用于女性化妆品、饰品、日常生活用品等主题设计。

（2）稳重挺拔。字形规整，能展现一定力度，给人以简洁爽朗的现代感，有较强的视觉冲击力，这种字体适合于科技商品等主题设计。

（3）活泼有趣。字体生动活泼，有节奏韵律感，色彩丰富明快，给人以生机盎然的感受。这一类型字体适用于儿童用品、运动休闲商品、时尚商品等主题设计。

（4）苍劲古朴。字体朴素，蕴含浓郁古风，充满怀旧感，这样的字体适用于传统商品、民间艺术品等主题设计。

二、文字排版原则

（1）简洁与节制。在海报设计中一般要添加多个设计元素，此时选择简单的字体反而会使信息能够更迅速明晰地传达。因为简单的字体与复杂的构图搭配能够实现更好的协调。

（2）协调与对比。不同字体之间或者文字与其他元素之间的对比，可以形成新颖而又协调的视觉效果。两种对比强烈的字体可以吸引观者的注意力，使得作品能够脱颖而出。

（3）因地制宜。海报所处的环境决定了文字的应用，包括字体的选择、字号的大小和文字的空间分布以及文字与海报背景的对比度。

三、几种常用的字体排版风格

图片中的字体按视觉设计规律精心设计和加工之后，其所呈现的排版效果在整个画面中起着至关重要的作用。下面是几种常用的字体排版风格。

1. 对比字体

制作视觉落差是字体排版的一个重要技巧。大号字和小号字搭配在一起，会让人产生强烈的视觉对比，产生一种奇特的视觉感受，如图 1.3.18 所示。较大的字体通常放在核心位置当作主标题来吸引注意力，较小的字体则要作为副标题承载信息内容。这种排版风格通过对比将视觉焦点集中到整个图片。

图 1.3.18 大小字号的对比

2. 个性字体

个性字体就是排版中通过字体结构、笔画及其他细节上的差异，重新塑造出形式多变

视觉营销

的新字体，通过赋予文字不同的个性，从而给人带来不同的视觉感受。优秀的字体设计，能第一时间准确地传达字体情感和内容信息。设计者可根据品牌形象，重新制作出注入品牌性格概念的新字体，强化品牌的价值（如图1.3.19）。

图 1.3.19 有性格的字体

【活动实施】

做一做：

搜集一些日常生活中常出现的品牌的资料，结合你的了解，分别为这些品牌设计符合品牌特征的字体。

【活动评价】

通过活动，小明了解到不同的企业品牌具有不同的文化底蕴和形象特征，在品牌字体的排版设计中一定要充分考虑这一因素，才能成功创造出符合企业品牌精神与内涵的海报。

【任务回顾】

通过本章的学习，小明掌握了视觉营销的概念，明白了科学合理的视觉营销设计能发挥巨大的作用。了解视觉营销岗位的工作职责及要求，有助于小明进一步明确自己的专业学习方向。通过本章学习，小明还掌握了视觉设计的色彩搭配、图片的布局设计及文字的应用法则。

第 2 章
商品图片的视觉营销

对于一个网店来说,图片是网店的门面,优质的商品图片是打动消费者的重要因素。对消费者而言,从网络中大量的同类商品中挑选出自己满意的商品,很大程度上依赖于自己的视觉感受。因此,网店必须重视商品图片的拍摄和呈现质量,打造出丰富、直观的视觉效果,才能促进潜在消费者进店和转化,从而实现交易。

本章将介绍网店商品图片的视觉营销转化过程。通过商品卖点挖掘、布光、造型摆放等详细流程的介绍,指导优质商品图片的拍摄;通过实例,介绍商品图片拍摄的技巧。

| 视觉营销

学习目标

通过本章的学习和实践，你能够：
（1）挖掘商品卖点信息，掌握不同商品的拍摄流程；
（2）制定商品拍摄方案，对灯光和商品造型进行布置，完成商品拍摄；
（3）提高对商品的审美意识，培养对商品的观察能力和分析能力。

【任务导入】

小明家里种植有几百棵芒果树，产量喜人。前两年，父亲紧跟热潮开起了网店销售芒果，但是网店销量一直不好，点击量低，几乎无人问津。父亲向小明求助，如何能在众多经营芒果的网店中脱颖而出，吸引消费者，在网上打开销路。

经过仔细观察后小明发现，销售芒果的网店拍摄的图片大致分为三类。第一类网店拍摄的图片精美，拍摄的场景多样，有田间地头、餐桌等多种场景，还加入简洁明了的说明性文案；第二类网店拍摄的图片同样很精美，但是场景单调，文案千篇一律；第三类网店的图片拍摄得很普通且毫无美感，色彩暗淡。小明父亲网店中的图片就属于第三类。网店图片的质量直接导致销量的差异，这是为什么呢？通过分析，小明父子俩发现了问题：不够清晰美观，且没有展示商品卖点的图片，不能吸引消费者的目光，因此没有点击量；图片足够美观，但是没有对应的营销文案，也无法留住消费者，无法提高成交量；商品图片只有同时将视觉美感、商品卖点和营销文案结合起来，才能有效展现商品优势，留住消费者。

如果你是小明，接下来，你应该怎么做呢？

【任务解析】

商品图片拍摄的质量是网店商品销量的决定因素之一。拍摄一张吸引眼球的商品图片必须综合多种因素，设计者要根据商品特点的不同，来确定拍摄思路、布光方法、造型摆放和相机参数的变化。芒果颜色鲜艳、特点分明，易于切割展示。拍摄前可以对芒果的外观、颜色、品质、食用方法等角度进行解析，然后借助树枝、流水、木制餐具等道具进行拍摄。拍摄时不仅要力求图片美观，而且要充分展示芒果特性，精确地击中消费者痛点。

小明应该首先完成突出商品卖点的前期准备任务，主要有：

（1）对商品卖点进行挖掘；

（2）制定拍摄方案。

2.1 如何挖掘商品卖点

活动　商品卖点挖掘

▶▶【小任务】

商品卖点是商品价值的体现，也就是商品的功能点和消费者的关注点。线上电商销售通常只能通过视觉来展示商品卖点，这就需要网店以图片的形式将商品卖点提炼并展示出来，在视觉上为消费者打造共情感和体验感，达到促进消费的目的。因此，挖掘商品卖点，不仅要满足消费者需求，更要引导消费者需求，甚至是创造消费者需求。本活动的小任务，就是帮助小明针对芒果这一商品进行卖点挖掘，为下一步的拍摄准备做好知识储备。

【活动指导】

一、商品卖点的重要性

商品卖点要求能够精准体现商品自身的价值和功能，打动消费者，促使消费者买单。通过卖点展示，可以加深消费者对商品、网店、品牌的认知，有利于口碑传播。在网上琳琅满目的同类商品中，网店只有做到"人无我有，人有我优"，做出差异化视觉效果，才能抢占市场占有量。

根据商品材质、特性的不同，商品卖点的侧重点也不同。如果商品本身具有独特性，

视觉营销

商家就可以开发创意将一个卖点展现到极致,从各个角度进行论证,与竞争商品拉开距离;如果商品本身卖点不够突出,就需要商家从商品品质或服务等其他角度出发,明确自己区别于其他同类商品的特性,去创造并经营自己的卖点,然后尽快抢占市场份额。

二、商品卖点对网店的影响

1. 商品卖点对商品定价的影响

同一类型的商品,是否准确展示卖点、是否经过恰当包装等,影响最终消费者能够接受的价格高低。这就是商品卖点的重要性,通过卖点挖掘和解析的过程,给商品起名字、讲故事、做包装,可以赋予商品更高的附加值(如图 2.1.1、图 2.1.2)。

图 2.1.1 较丰富的卖点展示

图 2.1.2 较单一的卖点展示

2. 商品卖点对转化率的影响

不管消费者是带着需求目的进入了网店,还是无意中浏览网店,商品卖点影响了商品对消费者的吸引力大小;在浏览到下单的过程中,使商品与消费者建立紧密联系,迎合消费者,打动消费者,促成销售,也是因为商品卖点在其中起到了重要作用(如图 2.1.3)。

图 2.1.3 商品卖点对转化率的影响

3. 商品卖点对参加淘宝官方活动的影响

身为淘宝商家，参加官方活动是一个重要的可快速获得流量的方法。商家向淘宝小二推荐自己商品的卖点，通过活动平台的宣传可以获得更多的免费流量。商家参加活动需要上传相关商品信息（如图 2.1.4）。

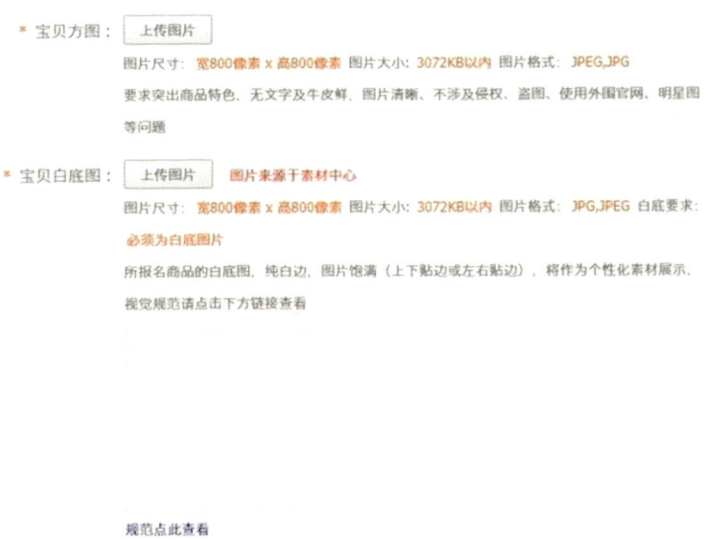

图 2.1.4 千牛版商家中心的商品信息页面

淘宝小二的工作，是查看大量报名商品的价格、评价、评分，以及商品描述，并对商品进行审核（如图 2.1.5）。在这些因素中，商品价格受成本控制，评价和评分受消费者影响，只有商品描述的主动权掌握在商家手里。因此，针对商品的特性进行详细准确的卖点包装，是官方活动报名审核通过与否的关键。

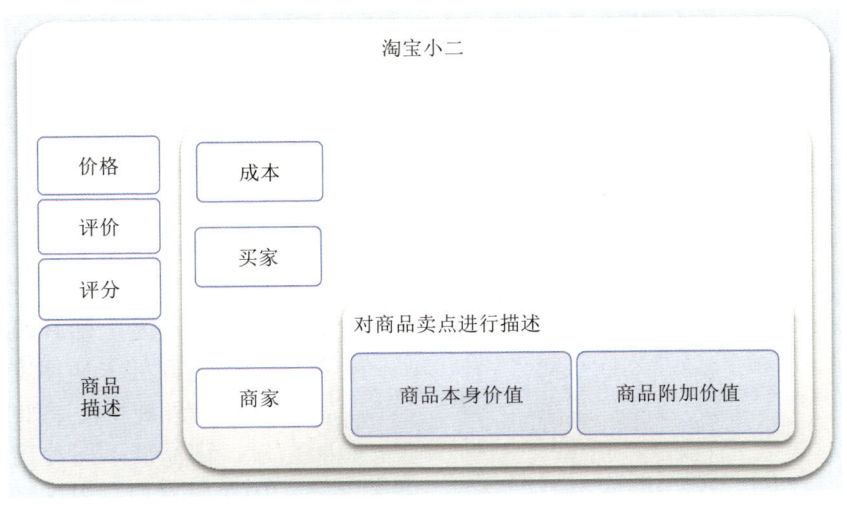

图 2.1.5 淘宝小二对商家活动报名的审核内容

视觉营销

三、商品卖点挖掘的技巧

商品卖点挖掘的方向应该从目标消费者的需求、自身商品特性和竞争商品特性三个角度出发。站在消费者的角度去分析商品，从不同的侧重点整理出商品与生俱来的卖点，再加上从其他角度赋予商品附加值的特色卖点，找到消费者需求的对应点，能够促进消费者对商品的接受和认同。以下为商品卖点挖掘实例（如图2.1.6）。

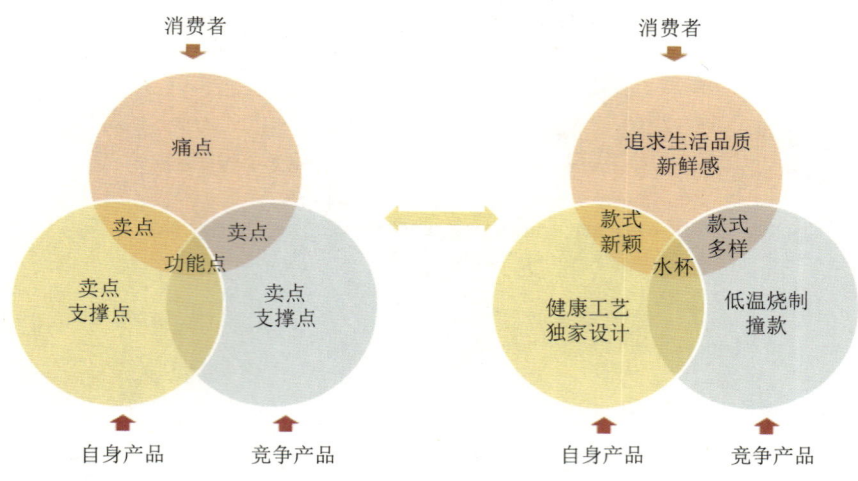

图 2.1.6 商品卖点挖掘实例

通常在整理卖点的时候，商家总喜欢从商品实用性本身去挖掘。随着人们消费理念的改变，场景式营销更能打动人心。以卡通马克杯为例，我们从五个方面去解析如何挖掘商品卖点。

1. 外观

一般情况下，消费者对商品的第一触点就是商品外观。商品的颜色、形状、包装、风格给消费者留下的第一印象，很大程度上决定了他是否会购买商品。因此在外观上，商品图片的拍摄和陈列，应更有针对性地根据消费者的基础需求进行设计。

卡通马克杯的目标消费人群是年轻女性。根据这一人群的年龄段、职业、爱好、消费层次甚至是生活环境，可以设计出不同的卡通图案、颜色、形状等外观特性。如图2.1.7所示，商品展示图片简洁明了地传递出本商品温馨、可爱、时尚的特性。

图 2.1.7 图片展示商品外观卖点

2. 功能（功效）

商品的实用性，是消费者最关注的卖点之一，也是与其他竞争商品体现差异化的重要元素。商品在设计时已经针对消费者的需求痛点进行功能性设计，那么在商品展示时，则应该明确地传达商品本身的独特性，在展示图片中呈现出其功能（功效）的实际效果。比如想要放大水杯的功能，可以在水杯杯身、杯盖、材质上寻找卖点。如图 2.1.8 所示，该商品针对杯盖进行多功能展示，说明了杯盖可以当作美观的摆件，还可以当作解放双手的手机支架，突出展示出其功能的独特性和实用性，从而打动消费者。

图 2.1.8 图片展示商品功能的独特性

3. 工艺

工艺体现的是商品设计的专业性，不同的商品背后其工艺大相径庭。在商品图片展示中，要用最简单直观的角度呈现商品，搭配通俗易懂的文案，将商品制作工艺和消费者的使用场景交互起来，说服消费者，促进销售。随着经济的发展，一些商品的独特工艺、健康工艺可作为更具有说服力的卖点；家居、食品等类目商品的传统工艺、古法制作等独特性工艺也可以作为商品卖点，提高商品的附加值。

马克杯是很多人每天使用的生活用品，消费者在注重实用性的同时也会非常注重其商品品质（如图 2.1.9）。用手绘、釉下彩等工艺上的卖点来佐证商品的健康性、环保性，可使消费者放心选购。

图 2.1.9 商品的独特工艺成为加分项

4. 心理需求

商家在用商品卖点满足消费者实际需求的同时，也应该关注消费者的心理需求。同一商品类目的同类网店越多，消费者做选择时就越困难。此时，商品的差异化应该体现在商品本身给消费者带来的使用层面和心理层面上的愉悦感。能够满足消费者个性化需求的商品，就能更容易获得消费者的支持和喜爱。

马克杯的同类商品繁多，在与同等价位商品比较中，杯盖的手机支架这一功能，就说明了"人无我有，人有我优"的独特性，满足了消费者与众不同的心理需求，在一定程度上保证了市场优势，可达到较好的销量（如图 2.1.10）。

图 2.1.10 卖点的多功能展示

在商品卖点的挖掘过程中，还可以对商品的材质、性能的不同进行针对性描述。常用的方法还有将同类商品进行对比、各类权威证书证明、讲述商品故事、设计生活理念等，在这里不再赘述。

值得注意的是，在对商品卖点进行提炼和整理时，存在一些误区。例如，把卖点等同于商品细节，商品细节可以作为商品卖点展示，但是商品卖点不能只是商品细节；再如，把展示商品卖点等同于文字描述，研究表明一个画面中只要超过 60% 都是文字信息，那么浏览者则不会仔细阅读。因此，商家应该简洁明了地表达商品卖点，结合图片直观传递商品的最大魅力。

【活动实施】

想一想：

本活动的小任务是对芒果进行卖点挖掘。芒果是常见的热带水果，也是人们熟悉和喜爱的水果之一，为了让小明更准确地挖掘芒果的卖点，请思考以下问题：

第2章　商品图片的视觉营销

（1）芒果的目标消费者人群有什么特点？
（2）芒果的适合食用人群不包含哪些？
（3）芒果的产地、成熟周期、功效价值是什么？
（4）芒果的特点和营养有哪些？

做一做：

（1）在淘宝网上查找 2020 年芒果销量最高的网店，对其网店展示图片进行分析。
（2）在淘宝网上查找 2020 年芒果销量较低的 1～2 家网店，重点分析导致其低销量的视觉效果方面的相关原因，并填写表 2.1.1。
（3）对芒果的卖点进一步挖掘，并填写表 2.1.2。

表 2.1.1 芒果低销量网店视觉效果情况分析

序号	内容	基本情况				
1	品种					
2	产地					
3	月销量					
4	卖点解析	视觉效果				改进建议
		良好	合格	不合格	无	
①	商品主图					
②	商品辅图					
③	商品视频					
④	商品详情页					
⑤	商品展示					
⑥	商品细节					
⑦	商品对比					
⑧	推荐吃法					
⑨	文案					
⑩	售后服务					

视觉营销

表 2.1.2 芒果卖点整理明细

序号	内容	基本情况（符合商品特点的请在方框文字下打勾）			
1	品种				
2	产地				
3	形状	圆形	椭圆形	弧形	—
4	大小	大	适中	小	—
5	颜色	青色	黄色	紫红色	彩色
6	口味特点	果肉多汁	酸甜可口	偏酸	偏甜
7	营养价值	含维生素C	含糖量低	含蛋白质	含碳水
8	食用功效	益胃	解渴	利尿	排毒
9	加工形式	果汁	果酱	果干	腌制品
10	推荐食用	即食	蛋糕	果汁	其他
11	储存方式	常温	冷藏	密封催熟	冰冻
12	卖点描述（20选8）	口感丰富	果实饱满	果肉香甜	果味浓郁
		果汁丰富	清甜多汁	精挑细选	肉厚细腻
		爽滑饱满	颊齿留香	芒香伴随	纤维丰富
		营养健康	产地直采	鲜品立享	吃法多样
		催熟妙招	售后无忧	坏果包赔	产地直销

【活动评价】

通过活动实施，小明完成了对芒果商品卖点进行挖掘的小任务，明确了在销售之前，对商品进行准确定位和挖掘卖点的重要性，掌握了商品卖点挖掘的方法和技巧，为下一步完成商品图片的拍摄做好了准备。

2.2 如何获得卖点突出的图片

清晰直观的商品图片是视觉营销的灵魂。一张成功的商品照片可以直接刺激到消费者的视觉感官，让他们产生了解的兴趣和购买的欲望；而一张成功的商品照片与拍摄环境的选择和布置密不可分。我们可通过商品大小、颜色、材质、形状、图案、纹理和拍摄环境这几个角度来展示一个商品。商品大小可通过对比来呈现，其余几个角度均需通过拍摄布光来呈现。

不同物体结构质地和表面肌理各不相同，其吸收光和反射光的能力也不同。因此，拍摄商品图片时要根据不同物质对光线反映出的不同质地表现，而采用不同的布光方法。

活动1 商品拍摄的常用布光

【小任务】

生活离不开光线。光线不仅可以提供照明，使我们看清事物，而且还可以使我们从视觉传达的直观认识转入形象思维的心理感应。摄影是通过光影、构图给予人最直观的视觉冲击和心理感受，并由此进行艺术表达的一门技术。细致的光线可以更好地刻画鲜明的商品视觉形象，表现商品的颜色、材质、形状、图案和纹理。本活动的小任务，就是学习商品拍摄的常用布光方式，帮助小明针对芒果选择合适的布光，为下一步的拍摄做好准备。

【活动指导】

拍摄商品通常使用静物台，并使用柔光箱作为光源，常用双灯、三灯和四灯等布光方式。

一、双灯布光

双灯布光的常用方式有：正面两侧布光、两侧45°角布光、前后交叉布光、后方布光。

1. 正面两侧布光

正面两侧布光是进行商品拍摄时最常用的布光方式。正面两侧布光方式会让正面投射的光线全面且均衡，能完整展现商品且不会有暗角，但同时要保证室内光源均衡，光照的强度要够大。

视觉营销

正面光又称顺光。以被摄体为中心，正面光光源在相机两侧以约 30°夹角形成照明光线，光线的投射方向和拍摄方向相同（如图 2.2.1～图 2.2.3）。在实际拍摄中，正面光的使用率较高。由于光线的直接投射，正面光照明均匀，阴影面少，并且能够隐没被摄体表面的凹凸不平，使被摄体影像更明朗，拍出的商品影调明亮、干净（如图 2.2.4、图 2.2.5）。但是正面光难以表现出被摄体的层次和线条结构，容易导致画面平淡，缺乏立体感，因此又被称为平光。

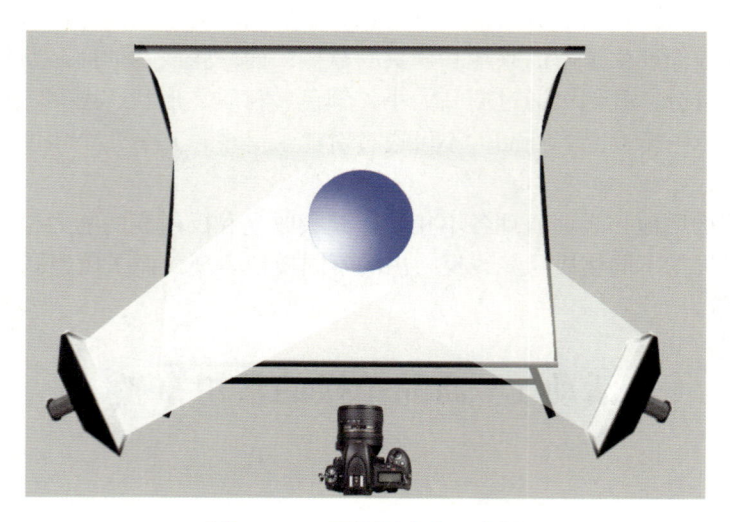

图 2.2.1 正面两侧布光示意图

图 2.2.2 正面两侧布光现场图 1

图 2.2.3 正面两侧布光现场图 2

第2章 商品图片的视觉营销

图 2.2.4 正面两侧拍摄效果图 1 　　　　　图 2.2.5 正面两侧拍摄效果图 2

2. 两侧 45°角布光

从商品顶部的两侧 45°角布光（如图 2.2.6、图 2.2.7），适合拍摄外形扁平的小商品（如图 2.2.8），但不适合拍摄立体感较强和具有一定高度的商品。

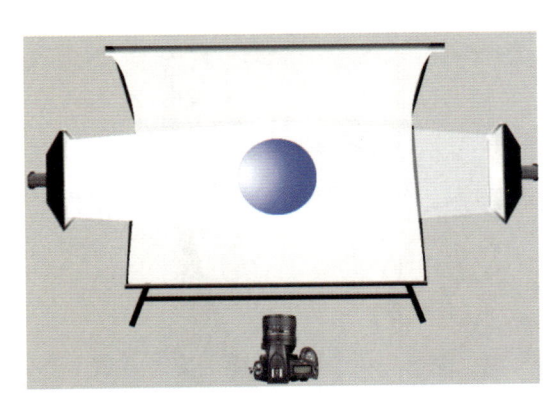

图 2.2.6 两侧 45°角布光示意图 　　　　　图 2.2.7 两侧 45°角布光现场图

图 2.2.8 两侧 45°角布光拍摄效果图

视觉营销

3. 前后交叉布光

前后交叉布光是前侧光与后侧光的布光组合。从商品的侧前方进行打光，商品的背面将出现大面积的阴暗，不能呈现商品的细节。因此，在商品的后侧方也进行打光，这样便能体现出阴暗部分的层次感（如图 2.2.9～图 2.2.11）。若两侧的光线有明暗的差别，还能展现商品更多的细节。

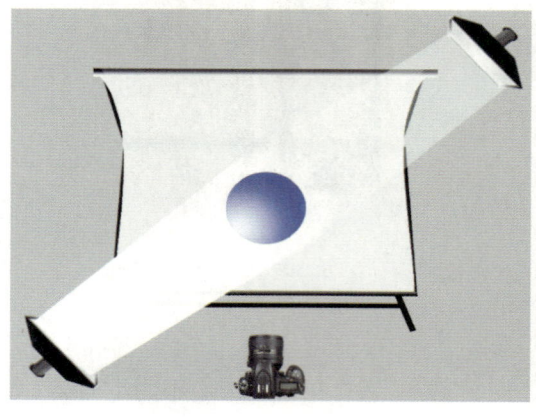

图 2.2.9　前后交叉布光示意图

图 2.2.10　前后交叉布光现场图

图 2.2.11　前后交叉布光拍摄效果图

4. 后方布光

后方布光就是从商品的背面打光。由于从商品的背面进行打光，只能照亮被拍摄物体的轮廓，所以，后方布光又称为轮廓光（如图 2.2.12、图 2.2.13）。后方布光方式有 3 种，正逆光、侧逆光和顶逆光。背面打光会使商品正面产生大片阴影，虽然无法呈现商品全貌，却适合拍摄玻璃制品、镂空雕刻品等具有通透性的商品（如图 2.2.14），拍摄其他商品一般不适合使用这种布光方式。

030

第2章　商品图片的视觉营销

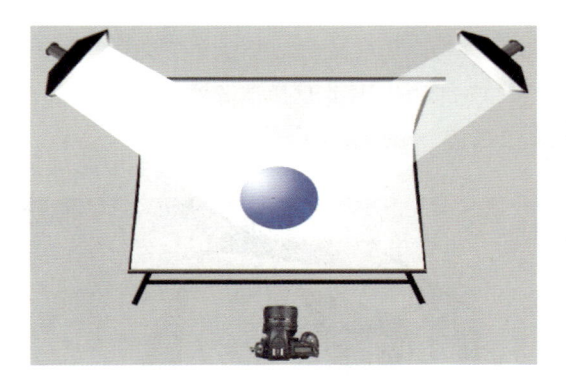

图 2.2.12　后方布光示意图

图 2.2.13　后方布光现场图

图 2.2.14　后方布光拍摄效果图

二、三灯布光

三灯布光是在双灯的基础上加一个顶灯，使光线更加均匀，布光的可控性更高，更适合拍摄具有一定高度的商品（如图 2.2.15、图 2.2.16）。

图 2.2.15　三灯布光现场图

图 2.2.16　三灯布光拍摄效果图

视觉营销

三、四灯布光

四灯布光是在三灯布光的基础上加一个底灯。底灯的作用主要是消除被拍摄商品底部的阴影，从底部对拍摄物给予一定的补光（如图2.2.17～图2.2.19）。

图 2.2.17　四灯布光示意图　　　　　图 2.2.18　四灯布光现场图

图 2.2.19　四灯布光拍摄效果图

【活动实施】

想一想：

本活动的小任务是掌握商品摄影的布光方式，并根据实际情况选择适合拍摄芒果的布光。为了帮助小明选择布光方式，请思考以下问题：

（1）从大小、颜色、材质、形状和纹理这几个方面来看，芒果有什么特点？

（2）如果是双灯布光，拍摄芒果具体可采用哪种布光方式？

第2章 商品图片的视觉营销

做一做：
（1）在电商网站上收集芒果商品展示图片，从中找出自己最喜欢的并写出理由。
（2）设计拍摄芒果的布光方式，并画出布光图。

【活动评价】

通过活动实施，小明学习了商品拍摄的常用布光方式，初步掌握了这些布光方式的特点、使用对象和操作技巧，完成了为拍摄芒果商品选择合适的布光方式的小任务，为下一步的拍摄做好准备。

活动2 商品的造型与摆放

【小任务】

拍摄商品时，商品的造型与摆放是非常重要的陈列艺术形式，不同的造型和摆放方式可以带来不同的视觉效果。为商品设计合适的造型与摆放的方式，呈现出一个美观的构图，可以强化商品图片的信息表达。本活动的小任务，就是学习商品的造型与摆放，以帮助小明为芒果选择合适的摆放与造型，为下一步的拍摄做好准备。

【活动指导】

在拍摄商品照片之前，必须先将要拍摄的商品进行造型与摆放的设计，为拍摄时的构图和取景做好前期准备。拍摄前商品的造型与摆放决定了照片的基本构图，商品采用什么造型与摆放角度最能体现其性能、特点及价值，是设计者在拿起相机拍摄前就要思考的问题。在设计商品的造型与摆放时，要注意以下几个方面的问题。

一、拍摄角度

选择恰当的拍摄角度是十分独特而又非常重要的拍摄技巧。

首先，商品拍摄角度要符合人的视觉习惯。尤其是以人物视角的拍摄，其视角的反映要符合普通人观看事物的习惯。人们在浏览商品时，通常会习惯从上往下看，因此商品在整体画面中的摆放位置要尽可能靠下一些，符合视觉习惯，能让消费者看着更舒服（如图2.2.20）。

视觉营销

图 2.2.20 摆放角度要符合视觉习惯

其次，不同拍摄角度要呈现商品的不同信息。商品摆放的角度是很有讲究的，因为拍摄的图片是平面效果，无法从一张图中全方位地展示商品的全貌，这就要求我们要对被拍摄商品进行仔细观察，取其最恰当、最能表现自身特点的角度去摆放并进行拍摄。比如，我们最多只能看到一个六面体的三个面，能拍摄到这三个面的角度，就是我们能找到的表现最大化且立体感最强的角度。一般来说，物体的侧面表现力要优于正面。同样一款商品，不同角度可以呈现不同的视觉效果，可以将消费者的视线引到不同的侧重点。比如平铺摆放，消费者最先看到的是商品的整体效果；将商品侧面作为照片的焦点，消费者更容易先看到商品的细节。物品如何摆放，取决于商家想突出商品哪部分的卖点与特性，但一切都应以美观作为前提，否则可能让消费者产生排斥心理。

再次，布光的角度影响商品质感的呈现（如图 2.2.21）。商品质感在摄影中表现为对被摄体表面结构的组织和性质的反映。商品质感表现得好的商品图片，可以将被摄商品的物理性质，如软硬、轻重、粗细，以及其他质地都真实地再现，甚至是将手感和味觉都视觉化。这样的质感表现，需要拍摄者根据商品表面的特点对光源的照射角度、强弱、软硬进行合理调整。

图 2.2.21 布光的角度影响商品质感

二、重新造型

重新造型，即对商品的外形进行二次设计，可使其呈现出一种独特的设计感和美感。我们不能对商品做虚假、夸大的修饰，但可以在拍摄时充分发挥想象力，对商品的外形进行二次设计。

对于体积较小、外形比较单一的商品来说，单纯地对单个商品进行拍摄，很难让拍摄画面产生亮点。这时就需要拍摄者对商品的造型进行二次设计。例如拍摄质地较为柔软的商品时（如图2.2.22），将皮带卷起来摆放，可以使画面兼顾皮带的首尾，显得大方利落。再比如一款丝巾，丝巾的柔软质地给了商品造型无数可能性。将丝巾做成花朵造型，让丝巾仿佛有了"生命"，塑造出一个全新的富有层次的造型。将原有的线条改变，可以让消费者觉得更有画面感，也更有美感。

图 2.2.22 重新为商品造型

三、组合摆放

将多个商品组合在一起展示出来，往往会有较强的吸引力和趣味性。但消费者不会喜欢杂乱无章的商品堆砌在一起，这就需要我们利用一定的摆放技巧和审美能力，对商品进行合理的组合摆放。商品组合比单个商品要更难拍摄，但也为商家及拍摄者提供了更大的创意空间，可以充分发挥创新能力。

对商品进行组合摆放，有别于用配饰和背景来衬托商品主体。画面中呈现的可以是相同的或一个套系的商品，也可以是相互关联的几种商品（如图2.2.23）。将多个商品同时摆放进行拍摄时，最容易出现的问题就是画面容易看起来杂乱无章。在拍摄不同颜色的商品组合时，不能胡乱摆放，导致画面凌乱，消费者难以清晰直接地看出商品的特色。因此，商品的组合摆放要体现美观，需要遵循一定的摆放规则，应注意以下三个方面。

一是造型美。要为同时呈现的几款商品设计出一个更具美感的造型，使商品之间能够相互映衬，彰显美感和品质。在拍摄形状较长的商品时，可以斜着摆放，这样不仅可以减少画面的压迫感，还可以更好地展现商品主题（如图2.2.24）。

视觉营销

图 2.2.23 商品组合摆放

图 2.2.24 斜线构图减少画面压迫感

二是色彩美。商品拍摄的色彩规划要协调、和谐、有层次感，注重色彩与造型的恰当搭配，可产生奇特效果，使画面赏心悦目，使画面主题变得更加鲜明与生动，通过特定的视觉传达带给消费者相应的心理暗示。

三是韵律美。商品的摆放不仅要照顾到造型的美感还要兼顾画面构图的合理性，因此要注重整体画面的序列性和疏密度，让画面显得有秩序，给人以节奏感，避免产生杂乱无章的混乱感。拍摄者可以采用堆叠、斜线、V 形、S 形或交叉等摆放方式，让画面看上去更加丰富饱满；也可以让某一个商品的摆放造型与其他商品不同，比如放倒或倾斜，这样可以使画面活跃起来。在注意序列感的同时，还要考虑商品之间的空隙，韵律美就产生于画面元素的疏密和高低起伏之间。

四、环境、色彩搭配

红花还需绿叶配，在摆放商品时，可根据其特点对环境进行适当的设计，为商品搭配装饰物，布置一个符合商品实际实用的场景（如图 2.2.25）。这样可以让商品更加贴近生活，也融入商家对商品的整体风格定位，为消费者营造出一种商品使用的场景，激发消费者的购物欲望。画面搭配物可以是其他颜色的同类商品，也可以是相关的装饰物。除此之外，一些人造或天然的场景也可以进行合理利用，比如温馨的房间、透彻的蓝天、盆栽绿植等，都可以用来衬托商品主体。

图 2.2.25 为商品布置适当的场景

第2章 商品图片的视觉营销

色彩搭配是指环境、被摄体和道具之间的颜色搭配。拍摄者可以根据商品的不同灵活选择不同色彩的背景，使商品产生对比、和谐等色彩关系。比如黄色和蓝色会产生对比的效果，绿色和蓝色会产生和谐的效果等；在画面中用黑白金银色进行搭配，会使其他色彩产生简单和谐的效果；拍摄女性香水可以搭配花、戒指等比较女性化的道具。

五、内部展示

网上购物本身就具有一定的风险，几乎所有的商品都是有外包装的。商品图片中如果只展现商品的包装盒，消费者看不到商品本身的形态，会担心商品表里不一。因此，不能只将商品外包装展示给消费者。商品图片应适当地展示商品拆开包装以后的情形，呈现商品主体，让消费者看清楚包装内商品的样式、构造和质地，为消费者提供全面信息（如图2.2.26）。

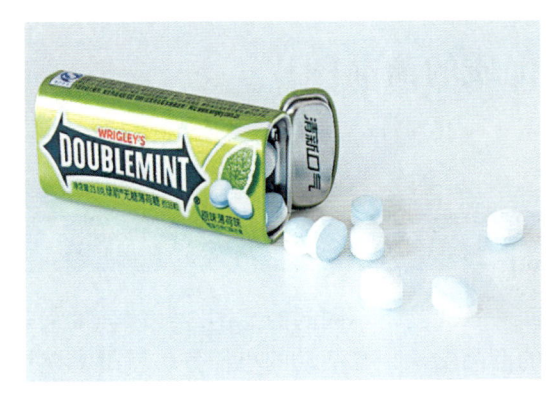

图 2.2.26 对商品的内部进行展示

网店中的图片展示的目的是促进交易的达成，因此，不能仅仅将图片美观当作判断商品图片优劣的唯一标准，最重要的还是让消费者通过照片对商品进行透彻的了解。比如钱包的内部构造、衣服的缝线、鞋子的内里、床上用品的正反面、糖果的质地、文具的细节等，都可以根据这个原则进行充分展示。消费者的顾虑越少，成交的概率才会更高。

【活动实施】

想一想：

本活动的小任务是熟悉商品的造型与摆放，为芒果选择合适的拍摄造型与摆放方式。为了帮助小明根据实际情况选择适合的造型与摆放，请思考以下问题：

（1）芒果在外形上有什么特点？
（2）芒果可以有哪些造型与摆放的方式？
（3）拍摄芒果的角度可以有哪些？

| 视觉营销

> **做一做：**
> 为芒果设计 5 个适合拍摄摆放造型。

【活动评价】

通过完成这个小任务，小明认识到商品造型与摆放对于提高商品图片质量的重要性，初步掌握了拍摄商品时摆放造型的几个关键点，完成了为拍摄芒果商品设计造型与摆放方式的小任务，为下一步的拍摄做好准备。

活动 3　如何获得优质的商品图片

【小任务】

商品图片对商品销售的重要性不言而喻，同一款商品，不同的商品图片往往会带来截然不同的销售效果，因此我们要努力获得优质的商品图片。本活动的小任务，就是掌握拍摄并制作出优质商品图片的要领，帮助小明完成芒果拍摄任务。

【活动指导】

拍摄出精美的商品图片对提高销量有很大帮助。想要获得优质的商品图片，要注意以下要领。

一、主体突出

主体是一张图片要突出的最重要的元素，是整张照片的焦点，也是画面上的趣味点（如图 2.2.27）。商品图片构图要简洁明了，一定要让别人一眼就可以看出这张图片要传达的主要信息。要在画面中更好地突出主体，需要掌握一定的方法，主要有以下几种。

（1）利用画面的明暗反差来凸显主体。利用较暗的背景或前景来衬托较明亮的主体，使消费者的视线都集中在主体身上，从而达到突出主体的效果。

（2）利用景深来突出主体。利用小景深可以虚化背景和前景，保持主体清晰，突出画面的主体。

（3）利用色彩对比来突出主体。在画面中，色彩鲜明的景物更能抓住人们的眼球。因此，在拍摄时，可以充分利用主陪体之间鲜明的色彩对比，以突出画面的主体。

图 2.2.27 摆放要突出主体

（4）利用大小对比来突出主体。在一个画面中，主体如果占据画面中大面积的空间的话，陪体居于次要地位，就可以使画面中的主体位置凸显。或者，让小主体突现在大背景之上或者大环境之中，使画面呈现出"万绿丛中一点红"的效果，一样可以使主体在画面中比较突出。

二、图片清晰

要想拍摄出清晰的商品照片，首先要设置好相机相关参数。采用相机的最大像素，高像素对于成像清晰度是有帮助的；在景深和快门条件允许的情况下，应避免使用镜头的最大光圈和最小光圈，尽量使用最佳光圈拍摄，从而最大限度地发挥镜头的分辨率，提高照片的成像质量。其次要保持相机稳定，尽量使用三脚架，避免因按动快门时产生震动而影响照片清晰度。不便使用三脚架时，一定要保证相机快门高于安全快门，同时注意手持的稳定性，给手臂找个好的支撑点，保证画面的清晰度。如果相机在拍摄时发生抖动，拍出来的图片很可能会模糊（如图 2.2.28）。在满足安全快门的情况下，尽量使用较低的 ISO（感光度）进行拍摄，减少噪点，保证画面纯净。拍摄时尽量使用遮光罩，避免因光线直射到镜头上而影响到照片的色彩饱和度和清晰度。

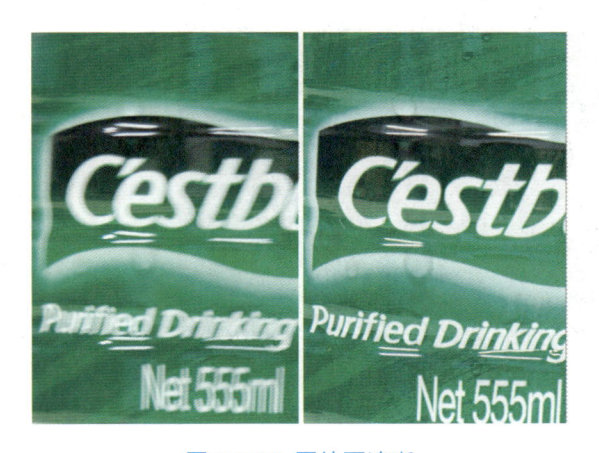

图 2.2.28 图片不清晰

视觉营销

三、符合构图基本方法

在摄影中，好构图是好照片的前提条件，因此，构图有着举足轻重的地位。要灵活运用居中构图、三分法构图（如图 2.2.29）、对角线构图等构图方式；同时注意相机的拍摄角度，可以尝试俯拍、仰拍等多种角度，从中选择最佳的位置进行拍摄，设计好物体在画面中的位置，注意构图的平衡、饱满。

图 2.2.29 三分法构图

构图时要注意色彩对比和明暗反差。背景越简单越能突出商品，一般来说颜色较浅的物品，最好搭配深色背景（如图 2.2.30），颜色深的物品则适合浅色背景（如图 2.2.31）。色彩搭配可以是对比的，也可以是和谐的，背景最好由纯色调的物品组成或直接为纯色背景板（如图 2.2.32），并留意细节搭配。

图 2.2.30 深色背景配浅色商品 　　　　　图 2.2.31 浅色背景配深色商品

040

第2章 商品图片的视觉营销

图 2.2.32 纯色背景搭配商品

四、后期处理

由于各种客观因素的影响,利用相机拍摄不一定能直接得到满意的照片。因此,必须通过后期处理来进一步完善照片,这也是商品拍摄的重要处理手段。适当的后期处理可以进一步还原现场真实光影,表达自己的设计想法,让照片变得更加完美。后期处理的作用其实可以分为两个部分,一是弥补不足,比如曝光上出现的偏差,可以依靠后期来修正,构图上不够完美,可以后期利用裁剪进行二次构图;二是画龙点睛,后期处理让整个画面色彩更加丰富而生动,整体效果更好。

【活动实施】

想一想:

本活动的小任务是拍摄并制作出较理想的商品图片,为了更好地帮助小明完成拍摄,请思考以下问题:

(1)在拍摄前,应调好相机的哪些参数?
(2)使用三脚架拍摄为什么能提高照片的清晰度?
(3)照片后期处理是不是必要的?

做一做:

依照选择的布光方式、造型摆设方式,完成芒果的商品图片拍摄与后期处理。

| 视觉营销

【活动评价】

　　通过完成这个小活动，小明学习到拍摄并制作出优质商品图片的要领，对于如何获得突出主体、成像清晰、构图合理、后期美化的图片有了一定了解。

【任务回顾】

　　通过完成本章的4个小任务，小明懂得要吸引消费者的目光，首先要将商品功能点和消费者关注点挖掘出来，找到商品卖点。接下来就需要通过拍摄来突出商品卖点信息，通过布光、造型与摆放、构图、拍摄、后期处理等环节，一步步得到理想的图片。同时小明也明白了，商品拍摄是由一系列工作环节组合而成的，每一环节都很重要，每一个细节都将决定图片的优劣，任何工作都不能马虎，成功只属于认真、细致的人。

第 3 章
品牌标志的视觉营销

对企业而言，品牌就像是企业在激烈市场竞争中高举的一面旗帜，要想旗帜迎风飘扬，企业在品牌创建之初，就要做好品牌命名，精心设计品牌标志。显而易见，品牌标志能在树立品牌形象过程中起到画龙点睛的作用。它不仅能引导消费者从市场同类商品中更快识别出自家品牌商品，同时也是企业成长发展的见证者，企业信誉和口碑的代言人。

本章将介绍品牌标志所具有的重要意义，通过品牌标志实例分析，学习如何在日常场景中识别品牌标志，解析企业品牌标志所体现的设计理念，并能运用基本技巧尝试完成品牌标志的创意设计，遵循品牌标签设计原则和技巧完成标签设计，并撰写品牌宣传广告语。

视觉营销

学习目标

通过本章的学习和实践，你应该能够：

（1）认识品牌标志的重要意义，掌握其创作类型，分析其设计特点；

（2）了解品牌标志的制作方法，掌握制作技巧，创新制作一个有市场识别度的标志；

（3）明确品牌标签设计原则和广告语撰写技巧，自主设计品牌标签，撰写广告语。

【任务导入】

在日常生活中，小明感觉到"品牌"这个词出现频率越来越高，网络上各种各样的品牌商品如同雨后春笋一般冒出来，品牌宣传的方式更层出不穷，人们在购物时比从前更关注品牌。通过对比不难发现，知名度较高的品牌通常有更好的服务，售后也更有保障。

日常商品的品牌竞争激烈，各电商平台的实力比拼更加剧了品牌竞争的激烈程度。例如，阿里巴巴集团精心打造淘宝、天猫电商平台，在经济全球化和泛网络化的趋势下，为消费者在全球范围内消费创造了前所未有的便利条件。除淘宝、天猫、京东、苏宁等知名 B2C、B2B 电商平台外，不少垂直电商平台、微商平台也迅速崛起，力图分得市场一杯羹。再加上网红主播的直播带货，品牌营销已延伸到生活的各个角落。借助电商发展突破时空限制的天然优势，国内外企业面对潜力无穷的中国消费市场展开了如火如荼的争夺战。

了解这些背景后，小明决定做个有心人。既然品牌那么重要，通过认识品牌来增加对于企业、商品的了解，不仅能拓宽知识面，更理性地消费，还可以学习品牌命名和标志设计等基本技巧，为今后的就业和创业提前做准备。

第3章 品牌标志的视觉营销

【任务解析】

随着品牌意识日渐深入人心，消费者对品牌的接纳认可程度显著提高。知名品牌更容易赢得消费者的青睐，抢占有限的消费市场份额，有效提升品牌价值。随之带来的品牌溢价，能帮助企业获得更高的经济回报，为企业资本积累和后续发展打下坚实基础，创造利好条件。

伴随着商业业态的多元化，新零售时代已然到来，无论网上商店、线下实体商店，都面临着前所未有的激烈竞争。想要在市场上立于不败之地，必须借助品牌的更新建设，来持续深入做好企业和商品的营销宣传。

小明认识到品牌的重要性，也意识到品牌是一个整体概念，想要深入了解品牌还需要学习：

（1）分析典型品牌标志案例；
（2）品牌标志基本制作技巧；
（3）品牌标签与广告语设计方法。

3.1 品牌标志的识别与分析

活动　品牌标志解析

【小任务】

许多企业为了增强客户体验，常常运用多种营销方式和手段吸引消费者注意，调动消费者对商品的感觉知觉，从而起到加深品牌印象，树立企业良好形象的作用。品牌标志作为企业形象重要组成部分，是由图形符号、文字等元素整合成的完整形象载体，用于展示企业特质、突出商品特点，提升企业和商品知名度，促进商品销售。因此，对电商企业而言，智慧运用文字字体、色彩和图案造型来强化品牌的视觉形象，显得尤为关键。

本次活动的小任务，旨在帮助小明深入地认识品牌，掌握品牌的整体内涵，通过对品牌标志的分析来理解品牌的设计理念，为进一步学习品牌标志的创意制作做好知识储备，打好基础。

视觉营销

【活动指导】

一、品牌与品牌标志的重要意义

"品牌"一词由来已久，是指生产销售企业为与竞争对手相区别，赋予自家商品独有的名称和标志的组合，帮助消费者识别本企业提供的商品服务，从而获得消费者和市场的认可。在消费者看来，品牌是企业成长历程的见证，很大程度上代表着企业形象，承载着企业文化和信誉，属于企业的无形资产。

品牌标志是指用于标识身份的小型视觉设计，适用于代言各类商品或者网络购物平台企业等品牌。具有自身独特文化内涵、符合品牌发展战略的标志，对于商品或者网络购物平台等企业来说，具有极其重要的作用。

例如智能手机品牌"华为""OPPO"品牌标志（如图 3.1.1、图 3.1.2），衣物洗护品牌"蓝月亮""汰渍"品牌标志（如图 3.1.3、图 3.1.4），瓶装饮用水品牌"农夫山泉""怡宝"品牌标志（如图 3.1.5、图 3.1.6），等等，这些都是消费者耳熟能详的品牌，其品牌标志深入人心。足以见得，无论在哪一个消费领域，企业做好品牌宣传的重要性都是不言而喻的。

图 3.1.1 华为品牌标志

图 3.1.2 OPPO 品牌标志

图 3.1.3 蓝月亮品牌标志

图 3.1.4 汰渍品牌标志

第3章　品牌标志的视觉营销

图 3.1.5　农夫山泉品牌标志　　　　　　　图 3.1.6　怡宝品牌标志

品牌作为企业宣传的重要载体，有两个关键的组成部分，一是品牌名称，二是品牌标志。一些国民品牌在市场上知名度很高，深受消费者欢迎，除了商品质量有保障外，其品牌的国民化在一定程度上也要归功于其朗朗上口的品牌名称、易于识记的品牌标志。

品牌命名十分重要，命名时必须结合企业自身文化、商品特点、地方风俗等因素进行充分考虑。如果消费者能自然而然地将品牌名称和商品联想到一起，企业的营销宣传就成功了一半。而提到品牌，人们必然会联想到品牌标志。不同企业旗下所拥有的品牌各异，其品牌标志也都各具特色，但主要目的都是为了吸引消费者眼球、用内涵丰富的创意形象打动消费者、吸引消费者。

在新零售业态快速发展的今天，品牌宣传不仅是实体商店考虑的重点，网上商店为了品牌的营销宣传更是费尽心思。突出品牌信息、彰显品牌精神，成为品牌宣传的首要任务。作为商业业态的有生力量，网上商店已然成为众多消费者购物的首选渠道。想要给消费者留下好印象，不仅要做好品牌命名，还要设计好网店品牌标志，突出品牌鲜明的时代个性和潮流特点。因此，许多企业在打造品牌形象时，主动把品牌内涵融入品牌设计当中，以期获得更理想的宣传效果。

二、阿里巴巴集团的品牌起源

1. "阿里巴巴"集团品牌名称的由来

阿里巴巴集团是著名电子商务企业，它的品牌故事也具有传奇色彩。创始人马云在创业之初一直在思考如何为公司命名。一次，他在美国一家餐厅吃饭，突发奇想找来餐厅服务员，问他是否知道阿里巴巴这个故事。服务员回答说知道，并且跟马云说阿里巴巴打开宝藏的咒语是"芝麻开门"。之后马云在世界各地多次询问其他人，他发现阿里巴巴的故事被全世界的人所熟知，且不论语种，"阿里巴巴"一词的发音都非常近似。于是，马云一锤定音，将"阿里巴巴"确定为公司的名字。

2. 阿里巴巴集团品牌标志的诞生

那么，阿里巴巴集团的品牌标志又是怎么设计出来的呢？

早在公司创业那几年，盛一飞就担任了公司的首席网站界面设计师。现在阿里巴巴集团的微笑标志就出自他手（如图3.1.7）。当时他一个月内做了100多个方案，却始终不满意。

视觉营销

他无意间想到了耐克品牌标志的设计来源：当年，一个小男孩对耐克的商品表示满意，随手在调查表里打了一个勾，最终演变为耐克的经典标志。

图 3.1.7 阿里巴巴企业品牌标志

盛一飞的创作灵感也由此而生，设计要以用户为第一，从消费者角度出发，而不是从商家的展示角度。于是，他想到了人脸，在众多设计中，人脸最容易给人以深刻印象。他用画笔画下了一个字母"a"，在阿里巴巴的英文名中，a是开始也是结束，象征着阿里巴巴能够有始有终；在西方，a还代表着第一、优秀和卓越。在他看来，a还有另一层含义，就像用户满意的笑脸，他希望通过这个标志传达用户用过商品后满意的感觉。

三、电商品牌标志与网店品牌标志解析

1. 传统电商品牌标志解析

事实上，国内知名电商都在自家平台的品牌标志设计上下足了功夫，从天猫和京东的品牌设计中可见一斑（如图 3.1.8、图 3.1.9）。我们一起来分析这些品牌标志的设计特点。

图 3.1.8 天猫品牌标志　　　　图 3.1.9 京东品牌标志

从这两个标志主背景色的选择来看，两家平台不约而同地选择了红色，红色是视觉效果刺激强烈的颜色，象征着热情、喜庆，所以通常在色彩配合中充当重要的主导色彩。

从图案选取看，天猫选择了一只眼睛炯炯有神的小黑猫。猫常常给人以灵活机敏、个性独立的感觉，其设计的出发点是想让消费者感受到平台有独特的个性和想法，引领新颖的潮流购物风向。京东则选择了一只微笑的白色小狗。狗是人类的好朋友，给人印象是容易亲近、忠实可靠，其传递给消费者的信息是，平台就像日常生活中沉稳可靠的好朋友，值得信赖。

选择动物图案作为电商品牌标志的优势在于，小动物形象可爱友好，容易拉近与消费者的距离。互联网企业面对的消费者可能来自全球各地，动物形态的品牌标志能很好避免跨文化交流的障碍，符合互联网不受时空限制、联通世界的特点。

2. 母婴垂直行业的微信电商品牌标志解析

近几年，微信电商发展势头十分迅猛。根据市场调查，手机"掌上经济"推动者多为女性，她们引领着衣、食、住、行多方面的需求风向。因此，许多电商商家都在想方设法赢得女性消费者的关注和青睐。其中，有一块重要的细分市场，就是竞争日益激烈的母婴商品市场。目前，以"年糕妈妈"为品牌的微信自营电商就是其中的领头羊。其创始人李丹阳，从浙江大学医学硕士毕业后在医院工作，辞职后投身微信自营电商行业。从早期专注做母婴商品到逐渐转型做知识付费课程，她与丈夫林威一手创立自有品牌"年糕妈妈"。旗下"年糕妈妈育儿"app 的品牌标志也设计得相当有辨识度（如图 3.1.10）。

图 3.1.10 "年糕妈妈育儿"手机 app 的品牌标志

"年糕妈妈育儿"手机 app 目标人群是妈妈们，因此，品牌命名简单贴切。其品牌标志设计也充分考虑了女性的心理特点：选用了清新可爱的卡通版妈妈形象，大眼睛妈妈看起来活泼阳光又兼顾童趣，符合平台自身定位和商业气质。

3. 品牌标志含义与类型解析

企业宣传离不开品牌标志，网上商店也需要借助品牌标志帮助宣传。品牌标志常出现在网店搜索页面、网店首页和商品图片当中，能帮助树立品牌形象，增加品牌辨识度，将企业文化、经营理念和商品特质等信息生动巧妙地传递给消费者。

由此可见，独具匠心的品牌标志是沟通品牌与消费者的重要桥梁。优秀的品牌标志要紧密融合企业文化，对企业品牌形象和经营理念进行高度提炼后精心设计，最终借助形象化的图文符号，呈现富有创意的视觉效果，给消费者留下深刻印象，从而有力推动企业品牌的营销宣传。

设计精良的品牌标志能帮助品牌网店进行宣传，为吸引流量和流量转换创造条件。通常来看，品牌标志可以分为图形标志、文字标志和图文结合型标志三种类型，接下来一一进行介绍。

图形标志：图案形象表达直观，视觉冲击力强，容易帮助消费者从众多的标志中进行区分和对比。但如果图案本身与企业品牌关联不够直接，消费者就需要消耗较长时间才能将图形标志与品牌建立联系，而一旦建立联系，在消费者心中留存的印象就会深刻而持久。例如，苹果手机采用了被咬掉一口的苹果作为品牌标志（如图 3.1.11），生动形象，个性鲜明，令人记忆深刻，很受"果粉"们的喜爱。

文字标志：顾名思义，就是标志中以文字为表现主体，借由品牌名称文字、名称的首

视觉营销

字母缩写，或者与品牌相关的独特字符设计成标志。例如，英氏童装品牌就选择采用文字标志（如图 3.1.12）。标志中圆圆的字体设计，给人一种"软萌"的感觉，与儿童的活泼可爱的特点高度契合。

图 3.1.11　苹果手机品牌标志　　　　　　图 3.1.12　英氏童装品牌标志

麦当劳作为较早进入我国的跨国餐饮品牌，直到现在仍一直保留着单字母品牌标志（如图 3.1.13）。大写字母"M"取自品牌全称"McDonald's"首字母，色彩明快，造型醒目，让人过目难忘，记忆持久，被消费者亲切地称为"金拱门"。

图文结合型标志：此类型的标志由图形和文字组合而成，两者相辅相成，互为补充，能更好发挥各自的优势，向消费者传递准确的品牌信息，给消费者留下深刻印象的同时，更方便消费者记忆。

像李宁品牌就用了图文结合型标志（如图 3.1.14），图形设计简洁有力、灵动飘逸，黑红颜色形成强烈对比，字体设计灵活而有力量，让人仿佛感受到了运动的活力。品牌以李宁先生名字命名，承载着品牌创始人数十年如一日对体育事业的热爱与执着，向消费者传递体育精神特有的蓬勃生命力，鼓励消费者热爱生活、快乐运动。

图 3.1.13　麦当劳品牌标志　　　　　　图 3.1.14　李宁运动用品品牌标志

如图 3.1.15 所示，三只松鼠坚果品牌标志则通过调动消费者的自主联想，借助松鼠爱吃坚果的天然联系，让消费者自然而然将三只松鼠品牌和专业做坚果这一观点联系起来，顺理成章，十分巧妙。萌萌的小松鼠非常招人喜欢，还向消费者传递"食用健康坚果，收获满满活力"的信息。可以说，灵动的小松鼠造型的品牌标志对企业品牌的营销宣传功不可没。

图 3.1.15　三只松鼠的品牌标志

通过分析不难发现，越是市场认可度高的企业，对自身的品牌建设越看重。因此，企业在品牌创建初期，就应该结合自身所处行业特点、市场定位和目标消费者，用心做好品牌命名和品牌标志设计，打造优质品牌文化、树立品牌形象。

四、品牌标志设计的注意要点

值得一提的是，考虑到日后品牌发展变化的可能性，设计品牌标志应具有一定包容性。进行网店店标设计时，可以用 gif、jpg、jpeg、png 等格式，文件大小在 80KB 以内，建议尺寸为 100px×100px，努力做到"小而美"。同时，品牌标志设计还需要注意以下几个方面。

1. 做好调研，直击受众

企业因市场定位不同，面向的消费群体各不相同，不同群体又因性别、年龄、职业、地域文化差异而具有特定心理特点。因此，在品牌标志设计工作开展之前，要做好市场调研。收集数据，借助数据分析，描绘消费者画像，设计充分考虑受众特点，才能准确地将品牌信息传递给目标消费群体。

2. 彰显个性，多元融合

互联网时代，多数消费者对于色彩和造型的认知包容度远胜从前，这意味着，设计者在设计元素的运用上能有更多选择。要使整体设计更具有感染力，就需要结合当下流行趋势，创造性地进行色彩搭配和元素组合，使创作更符合新时代的社会审美需求。

3. 遵守法规，追求原创

艺术设计包罗万象，但品牌标志的设计工作应当以《中华人民共和国广告法》等相关法律法规为准绳，在追求美、传播美的同时，注意尊重知识产权，坚持原创。

4. 品牌升级，及时更新

值得注意的是，品牌要经历生命周期的正常演变，有繁盛时期，也难免面临品牌老化的衰退期。因此，在品牌内涵不断发展变化的今天，也要根据品牌情况适时更新品牌标志，以顺应潮流趋势的变化，帮助品牌不断焕发新的生命力。

| 视觉营销

纵观品牌的发展史，不少品牌都曾更新过品牌标志，如图 3.1.16 所示，以华为手机为例，华为将标志上原有十五片花瓣调整为现在的八瓣，化繁为简，给人焕然一新的感觉。在不让原有消费者感到突兀的前提下，企业以崭新姿态拥抱市场，迎接新生代消费群体，这样才能在激烈市场竞争中不落下风，继续占据市场有利地位。

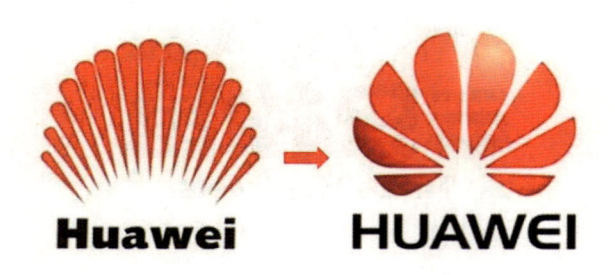

图 3.1.16　华为品牌标志的更新

【活动实施】

想一想：

本次活动的小任务是让小明收集时下比较热门的四家智能手机品牌信息，就品牌名称和品牌标志进行对比分析，更深入体会品牌名称和标志的设计特点，请思考以下问题：

（1）这四家品牌智能手机的品牌名称分别是什么？
（2）这四个智能手机的品牌标志采用了什么色彩、图案和造型元素？
（3）这四个品牌的智能手机卖点分别有哪些？能够满足消费者的哪些需求？

做一做：

（1）收集以上四家智能手机品牌的品牌故事、品牌名称与品牌标志、代言人等资料。
（2）填写表 3.1.1，完成四家智能手机品牌分析。

表 3.1.1　智能手机品牌分析

序　号	品牌名称	品牌标志	品牌标志的类型	品牌标志设计特点	智能手机卖点
1					
2					
3					
4					

【活动评价】

通过活动实施，小明完成了品牌标志识别与品牌理念分析的小任务，明确了在开展视觉营销宣传之前，打造品牌形象、做好品牌命名和标志设计的重要性，体会到了以消费者为中心设计的核心原则，为下一步学习运用标志设计技巧做好准备。

3.2 品牌标志制作

一种商品、一个品牌或者一个企业如果拥有一个易辨识、有内涵的标志，可以让消费者记住其独特文化和品牌内涵。在当今竞争激烈的网购环境中，是否具有独特标识度的标志，关系到商品、品牌或者企业与消费者之间能否建立起清晰明朗的购销关系，直接影响着商品、品牌、企业的发展。

活动 1 品牌标志的制作原则

【小任务】

在市场长期运行的探索与实践过程中，标志被赋予了通过视觉化来表达有效信息的表现方式。标志是具备一定有含义、有意义的内容符号，而且人们能够在一定程度上理解标志所体现出来的视觉效果，其具有清晰明了、简洁明确的视觉表现效果。同时，作为商品、品牌或者企业的独特标志，品牌标志也是与其他同类企业或品牌有所区别的重要元素之一。

标志作为商品、品牌或者企业的可视元素之一，在视觉传达效果中处在核心地位，亦是作为企业等传播自身文化、品牌特色信息的主要力量。标志在制作上需要考虑的问题涉及多个方面，其中包括企业精神、企业文化特色、色彩搭配、造型设计、区域文化、设计理念等方方面面。

本活动的小任务是掌握芒果农产品品牌标志的制作方法，一个能够体现商品特色的标志，需要遵循标志特定的制作原则。为了能够完成实践任务，制作出合格芒果农产品品牌标志，小明需要掌握以下的品牌标志制作原则。

| 视觉营销

【活动指导】

一、要尊重区域文化入乡随俗

每个地区都有各自的独特文化，很多独特文化会直接或者间接地影响到相应区域的人群。区域文化对区域经济的发展有着重要的影响，是发展当地经济的重要资源之一。由区域文化衍生出来的文化经济，在区域内有着举足轻重的地位。文化经济的发展不仅可以满足消费者的需求，也能使得区域本身得到推广和经济利益上的回报。在品牌标志的设计和制作过程中，融入了区域文化的特色，可以使得品牌标志能够更加彻底地融入当地的文化之中。借助当地文化经济的发展，品牌标志也更加深入人心，也更加容易被接受和理解。

以下两个例子，分别是来自中茶公司的品牌标志（如图 3.2.1）和网易的品牌标志（如图 3.2.2）。这两个企业，来自两个不同的行业，一个是实业企业，另外一个则是互联网企业。中茶公司的品牌标志，环形图案单独拆开看则是"中"字，结合起来看，整体形态则像一个中国结，由此可以提升整个品牌标志在中国人心中的分量，更加容易让国人接受和认可；同时由于中国结的存在，也从侧面融入了中国的历史文化。而网易的品牌标志，则是以艺术性的方式，使用了中国的古代文字。以上两个企业在品牌标志的设计中，都或多或少地使用了中国文化的元素，因此也更加容易让中国消费者去接受和认可这两个企业品牌的文化。

图 3.2.1 中茶公司品牌标志　　　　　　　　图 3.2.2 网易品牌标志

在标志的设计、制作和发展的过程中，如果违背、不尊重当地文化或法律，即使是精心设计、用心制作的标志也可能会遭到抵制或者不被认可，这将会给商品、品牌或企业造成不可挽回的负面影响。

二、要紧密结合企业文化

在市场中被广大消费者群体认可的品牌标志，是经过市场经济的冲洗之后保留下来的"精华"。在市场经济特别是网络购物高速发展的今天，品牌标志在其中扮演着非常重要

第 3 章　品牌标志的视觉营销

的角色。一个成功的品牌标志可以向消费者群体展示商品、品牌或者企业的价值取向和独特的文化底蕴；在一定程度上能够体现出商品、品牌企业的经营理念和经营策略及与众不同之处；同时品牌标志也集中体现了企业的精神特点与文化特色。如果在市场竞争中，消费者可以接受、认可企业的标志，则表明消费者在一定程度上认同了企业的文化、精神、经营理念和策略。当然也表明消费者能够接受此标志所代表的商品、品牌或者企业本身，其主体可利用标志获得一定的消费者群体。

三、要具有精准识别的功能

在市场中，特别是网络经济中，品牌标志具有非常明显的多样性的表现形式。在花样百出、形形色色的品牌标志中，如何让消费者群体能够快速地记忆、识别自家的标志，是每一位设计师必须要考虑的问题。品牌标志直接关系品牌利益这一特殊功能，决定了品牌标志在设计和制作的过程中，要遵循特定的原则，比如结合企业文化而诞生的独创原则，以及能够让消费者清晰明了地分辨出自家标志的原则。

在网络购物平台中，众多消费者耳熟能详的天猫、京东、拼多多、唯品会等品牌的标志都具有非常精准的识别功能。比如之前提到的天猫的品牌标志，以红色为主调背景色，以"天猫"两个文字为主体，加上特别设计的猫头图像组成了天猫品牌标志的整体。消费者在看到这个标志的时候，第一反应就能够直接联想到了天猫购物平台，这也在很大的程度上，起到了引流的作用。再对比京东的品牌标志，也是以红色为背景主色，加上"京东"两字，配合京东特有的卡通狗图案，同样具有非常高的识别度。

四、要坚持统一性与独特性

在品牌标志的设计中，强调统一的规则，不是要求设计者在设计和制作标志的过程中，统一地、反复地使用同样的元素或者同样的设计原理，而是要求设计者在同一商品、品牌或者企业中使用统一的设计风格，在文字的使用、图片的搭配上要和谐一致。要根据不同的展示内容或者表现主体而相应地改变特定的内容，从而在表现形式、视觉效果上达到既和谐统一又具有各自特色的独特效果，即统一和独特的集合。

消费者不难发现，京东平台有各具特色的分类功能，如京东超市、京东金融、京东生鲜、京东物流等。这些分平台又各自具有自己独特的品牌标志，它们在表现形式、艺术效果、视觉效果上，与京东的品牌标志保持了一定的视觉统一性。

【活动实施】

想一想：

本活动通过案例介绍了品牌标志制作的原则，结合小明需要完成的任务，请想一想以下问题：

（1）芒果具有怎样的特色？

（2）制作贴合芒果特色的品牌标志，应该选用何种制作方法？

| 视觉营销

做一做：
（1）在网络购物平台搜索查找果蔬类商品，并收集相关品牌标志。
（2）在所收集的果蔬类商品中，分别挑选销量最高和销量最低的商品，对比分析这两个商品品牌标志的制作方法和特色。

【活动评价】

通过活动实施，小明对收集的果蔬类商品品牌标志进行了对比分析。通过对比分析，并根据学到的品牌标志制作原则，小明对于制作贴合芒果特色的品牌标志，具有了明确的方向。

活动 2　品牌标志制作的技巧

【小任务】

品牌标志独特的社会地位，使得它本身有了多样性的内涵。它的存在既可作为展示企业文化底蕴、企业精神、商品特点的载体，也可以当成是一种企业文化、精神、商品的一种艺术性体现。在对品牌标志进行设计与制作时，应该要注重对整个企业文化或者商品属性的把握。在使品牌标志浓缩了企业文化、各类背景、设计理念、对象属性及各种设计原理之后，还应该使其能够产生良好的视觉体验效果。在设计及制作的过程中，存在某一方面的考虑不足时，都有可能会导致用心制作的品牌标志放到市场中得不到理想的效果；甚至有可能会因为消费者的不接受、不认可等而被其抵制或者遗忘。

在本活动中小明需要完成的小任务是，根据前面确定的芒果农产品品牌标志制作原则，选择合适的制作技巧，完成芒果农产品品牌标志制作的实践任务。

【活动指导】

在设计和制作品牌标志时，应该把设计与制作的过程当成是一门技术的应用过程，也是一门艺术的创造过程。可以遵循以下制作技巧。

一、合理的色彩搭配

成功的品牌标志制作，必须要有强烈的识别性。创作者在设计和制作品牌标志的过程中，对于色彩的使用，也要遵循同样的原则。标准色在视觉效果的表现中最为优秀，合理的色彩搭配，可以展现出不同的艺术效果，形成强烈的视觉冲击力，从而使得整个品牌标志能够在消费者脑海中留下深刻的印象。比如使用渐变色作为色彩搭配时，可以使品牌标志产生光动感，具有一定的空间感；通过冷暖色的搭配，也可以使得品牌标志看起来更加和谐，引人注目。

在设计一个品牌标志之前，设计师首先要考虑的是需要哪种配色方案。这里的配色方案不是说要考虑个人对颜色的偏好，而是要知道企业方想赋予品牌标志怎样的独特性，以及希望通过品牌标志中颜色的搭配来传递的信息是什么。对于一个商品、品牌或企业的标志设计来说，色彩的选择与搭配是非常关键的环节。像李宁的品牌标志采用的是黑色和红色的搭配，除了具有强烈的视觉冲击之外，也有一种神秘感和积极向上的暗示：黑色的使用，在积极方面上，它代表着神秘感和丰富的阅历；而红色则是最常见的暖色之一，代表着激情与热烈。黑红色彩搭配的效果，使得整个李宁的品牌标志具有了非凡的意义。而蓝月亮的品牌标志选择以使人安心的蓝色为主色调，则是贴合了整个品牌的文化，搭配上白色的"蓝月亮"三字的艺术效果，能够给消费者传达企业的信心和责任感。

二、适当的图文搭配

在品牌标志的设计和制作中，加入适当的文字和图片，可以让消费者群体能够更加清晰地了解品牌标志所代表的含义。这相当于通过图文的方式将商品、品牌或企业的信息进行展示，消费者可以直接从品牌标志上读取想要的信息，从而加深了解，能够在一定程度上影响消费者是否继续关注或者深入了解。

以三只松鼠和农夫山泉所使用的品牌标志来举例。从视觉效果上看，两个标志均采用了适当的图文搭配的方式，虽然整个标志的布局比较饱满而且采用了多种色彩搭配，但是在搭配了适当的图文之后，整个标志并不显得压抑，反而展现了独特的视觉效果，给人留下了较为深刻的印象。

三、适中的留白空间

适中的留白空间，顾名思义就是在品牌标志的设计和制作中，在作品上留下一定的空白，留白可以留给消费者更大的想象空间。如果在品牌标志在设计和制作中将整个作品布置得太满，很容易造成消费者的视觉疲劳或者其他负面效果，从而导致消费者对于品牌标志的忽视或排斥。适当的留白，也可以更加突出主题，使得整个品牌标志从视觉上获得更好的通透性。因为留白可以降低无关因素对于主体的影响，能够更加突出主体部分。

华为作为我国手机品牌，其品牌标志深入人心。另一个著名快餐品牌麦当劳"M"型的标志，人们也非常熟悉。从整体制作看，这两个品牌标志都在采用了留白的技巧。根据具体情况采取留白的效果，容易给人留下深刻的记忆，也容易让消费者接受。

四、醒目的视觉效果

醒目的视觉效果，可以带给消费者较强的视觉冲击力，让消费者对品牌标志留下深刻印象。营造醒目视觉效果可以从提升品牌标志整体的艺术性、规律性等多方面进行。比如在设计中，通过使用特制图案和特制文字组合设计成合成文字，能够地展现其艺术性视觉效果。作为商品、品牌或者企业的信息传达者，标志醒目的视觉效果不仅能够传

视觉营销

达有效信息，还兼备美学原理，能够给消费者带来艺术的美感和审美的愉悦感，满足人们精神层面的需求。

以下两个例子，分别来自童装英氏品牌和移动支付软件支付宝。之前提到的童装英氏的品牌标志将文字做了艺术性的设计，以此来提高整个品牌标志的可视性，同时结合童装的品类特色，将整个标志设计成比较可爱的圆润风格，以此贴合自己品类特色，增加消费者的认同感；而支付宝 app 的品牌标志（如图 3.2.3），则是将文字和图片进行整合，以此来提升整个标志的艺术性和视觉效果，也强调了品牌信息，达到了吸引消费者、增加认同感的效果。

图 3.2.3 支付宝品牌标志

【活动实施】

想一想：

本活动通过案例介绍了品牌标志制作的技巧，结合小明需要完成的任务，请想一想以下问题：

（1）如何确定芒果农产品品牌标志的配色、构图？
（2）贴合芒果特色的标志，应该要突出芒果的什么特色？
（3）选择何种制作技巧可以更好地完成芒果农产品品牌标志的制作？

做一做：

（1）根据选定的制作原则，确定芒果农产品品牌标志的制作技巧。
（2）根据选定的制作技巧完成芒果农产品品牌标志的创作。

【活动评价】

通过本活动的实施，小明学习了品牌标志制作的技巧，并通过结合制作原则和技巧，完成了芒果农产品品牌标志制作的实践任务。

3.3 加深品牌印象的商品标签

活动 1　商品标签设计

【小任务】

小明的父亲去年开始在淘宝上销售自家种植的农产品田东芒果，经过一段时间的经营，淘宝店慢慢有了一些起色，不少购买过的消费者都对他们家芒果的品质赞不绝口。这时父亲和其他果农们却遇到了新难题——市面上开始出现其他产地的芒果冒充田东芒果的现象。于是父亲向小明求助，希望能让自家的芒果在市场上更有辨识度。如何能在众多经营芒果的网店中，用自己独一无二的品牌标签在消费者心中形成独特印象，使自家产品脱颖而出，成了小明和爸爸下一阶段需要思考的主要问题。

经过一段时间的观察后小明发现，之所以会出现这种情况，是因为整个田东县大多数芒果的收获时间很集中，而新鲜芒果的保存时间非常短，本地的芒果产业化不发达。这就让其他产地的果农果商有机可乘了。

通过分析，小明找到了症结所在：从品牌整体战略和品牌有效性角度出发，越是在同类商品中品质优良的商品，越需要形成自己的品牌标签。

【活动指导】

品牌标签指的是品牌在消费者心中形成的独特标识，具体指商品外包装的整体设计，是消费者对品牌的核心印象，是品牌的核心竞争力，也是消费者意识当中品牌区别于同类商品的主要价值。好的品牌标签不仅能迎合消费者需求，更能引领消费者追求，是消费者之所以选择品牌的重要原因。一个品牌塑造成功的结果，就是使品牌标签深深地扎根到人们的认知或潜意识当中，当消费者需要购买此类商品的时候，往往就会选择这个品牌。

只有以明确品牌标签为前提，进行有规划、有步骤、识别统一的品牌建设，才能让目标人群在任何时候以任何方式接触到品牌时，都能不断加深品牌带来的心理印象，最终使品牌标签牢牢扎根于每一位消费者的认知或潜意识当中。

品牌标签只有在消费者认知或潜意识当中形成记忆并被认可之后，才能发挥其重要作

> 视觉营销

用。要形成这种记忆和认可，需要品牌标签至少具备准确性和独特性两大特征。只有当消费者长期重复地接触准确且独特的品牌标签，品牌信息才能在消费者心目中成为被需要的独特价值。从品牌整体战略和品牌有效性角度出发，品牌标签应该是在品牌建设之初就要确定好的。之后品牌建设的整个过程，都要围绕将这个标签种植于消费者心中为核心目的展开。

本活动的小任务，就是帮助小明针对芒果进行品牌标签设计，为下一步的宣传广告语设计制作做好准备。当下的任务可以分为三个步骤：

（1）分析农产品芒果的属性和卖点；
（2）结合芒果的卖点选择设计元素；
（3）以农产品芒果为例的品牌标签设计。

一、品牌标签定位的基本原则

既然品牌标签的定位如此重要，那么究竟该如何定位品牌标签？定位品牌标签的时候又必须遵循哪些原则？下面介绍品牌标签定位的基本原则。

1. 简洁原则

人们对于品牌的记忆接受在初期都是被动的，或者说是被迫的。在这种被迫接受记忆的环境下，品牌给消费者留下印象的可能性会被大幅度降低，尤其是复杂概念或信息往往很难被记住。所以品牌标签首先应该是简洁的。简洁的品牌标签在同类商品中更容易被突显出来，也更有利于目标人群记忆和传播。

2. 吻合消费者痛点原则

成功的品牌标签不应只是满足消费者需求，更要能引领消费者追求，而这种追求也可以理解为消费者对该类商品需求的痛点。此处的痛点指的恰恰就是尚未被完全满足的而又被广泛渴望的消费者需求。

3. 独特性原则

在高度饱和的商业竞争环境下，品牌阵地已经成了各个领域、各类商品的争抢对象，千姿百态的品牌标签也正不断在各种手段催化下席卷而来。如今的品牌就是在激烈的市场竞争中打造并传播的。其中最重要的一点要求就是品牌标签的独特性，因为只有不同于同类的和近似的品牌标签，才能避免品牌标签被同化，才能确保所打造的品牌是独特的。

二、品牌标签设计对品牌形象的塑造

以农夫山泉品牌为例，农夫山泉品牌成功的最大秘密是其塑造了独特的品牌形象。一个企业如果要真正立于长久不败之地，必须具有其他企业难以复制的实质性差异优势。著名战略管理专家迈克尔·波特提出的三个竞争战略之一的差异化战略，认为当一个公司能够向其客户提供一些对客户来说独特的、有价值的商品时，这个公司就把自己与竞争厂商区别开来了。农夫山泉正是做到了这一点。

在农夫山泉的品牌标签中可以发现，山、水、鸟这些要素都是放在最主要、最核心的位置的，既传达出"来自大自然的水"的信息，又有对称美感，让人印象深刻（如图3.3.1）。因此要准确地对商品进行品牌标签设计，一定要准确定位消费者的诉求。

图 3.3.1 农夫山泉品牌标签

结合上一个项目中对芒果农产品卖点的挖掘（如表2.1.2），找准芒果农产品的诉求点，就是要找到"人无我有，人有我优"的特点。芒果除了鲜果直接售卖，更多的是用鲜果加工的商品，例如：果汁、果干、果酱、水果罐头等；消费者对于某些产地的芒果是情有独钟的，要抓住消费者这几个的诉求点来设计品牌标签。

黄色、绿色等色彩元素，代表了芒果新鲜、饱满、阳光充沛和多汁等特性。因此基本可以确定芒果的品牌标签采用的主色调是黄色和绿色，在设计中可以选择几个不同饱和度的黄色和绿色搭配在一起。

可以用Photoshop软件设计制作一个简单的芒果品牌标签。首先，利用Photoshop软件中的"钢笔"工具，在新创建的画布上勾描一个芒果图案并进行描边美化等操作；接着在工具面板选择"自定义形状"工具，选择锦旗图案在画布上拖到合适的位置，得到一个放置标志的区域；然后是选择工具栏中"圆角矩形"工具，确定合适的形状大小，并在创建好了的新图层上打开描边及投影效果；最后在新图层上添加自定义图案进行装饰，一个芒果的品牌标签就基本制作好了。

再根据之前的设计理念，为品牌标签上色，得到一个比较令人满意的芒果商品标签（如图3.3.2）。

图 3.3.2 芒果商品标签案例

视觉营销

【活动实施】

想一想：

在芒果农产品品牌标签制作中，如果不点击新建图层，直接在自定义图案中选择自己喜欢的图案并加以不同的颜色装饰，能够看到如图 3.3.3 所示的箭头所指的图案效果吗？

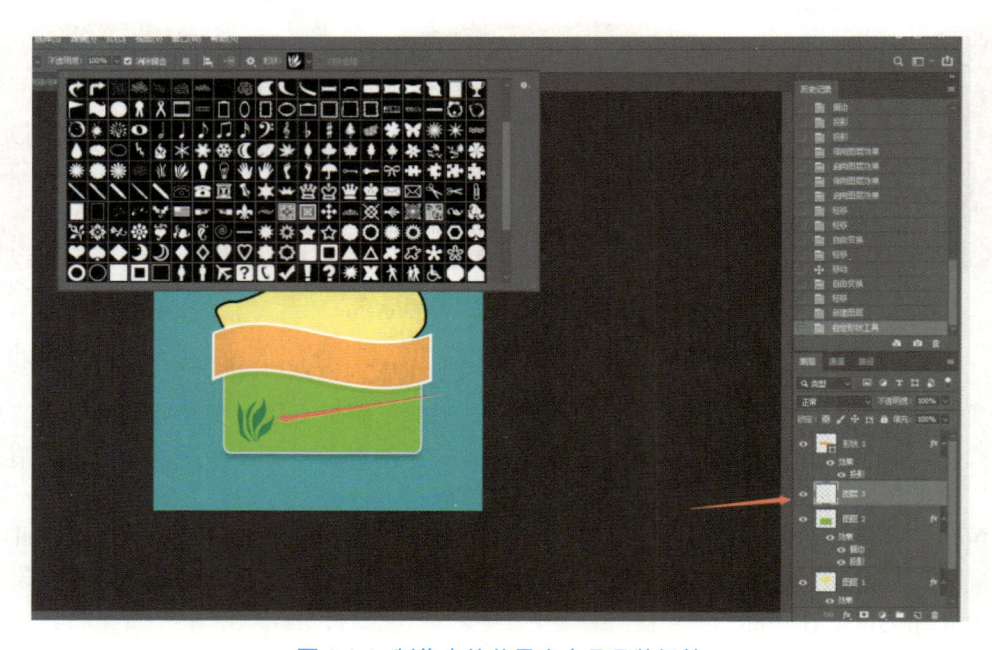

图 3.3.3 制作中的芒果农产品品牌标签

做一做：

在掌握芒果品牌标签定位的基本原则和设计的基本步骤后，自己动手设计一个芒果品牌标签。

【活动评价】

品牌标签定位的基本原则和品牌形象塑造的方法是重点，如何灵活运用是难点。小明和他的团队对于本店主营的农产品芒果非常熟悉，明确了该商品在消费者心中的定位，最后设计出的品牌标签较好地呈现出了商品的特性，符合了消费者的期望。

第3章　品牌标志的视觉营销

活动2　广告语的设计与制作

▶▶【小任务】

在上一个活动里，小明通过分析明白了他们家的农产品芒果需要设计自己的品牌标签，从而获得消费者肯定，形成消费者所需要的独特价值。于是他们紧锣密鼓地把品牌标签设计出来，接下来就到了设计能够传达出自己商品理念的广告语的环节。

品牌标签和广告语的确立，是整个品牌建设的重要阶段，更是品牌建设的核心导向，在品牌建设中具有源的地位。那么如何为自己的网店和商品品牌设计一个具有简洁凝练、明白易懂、朗朗上口、新颖独特、富有情趣、主题突出特点的广告语？本活动的小任务，就是帮助小明结合芒果农产品的品牌标签和消费者需求，设计一个广告语，并用Photoshop软件实现自己的设计。任务可以分解为两个步骤：

（1）分析农产品芒果的属性和卖点；
（2）结合前面学到的品牌标签，为农产品芒果设计广告语。

📖【活动指导】

广告语对消费者的意义在于其传递的公司的商品理念，强调的是一家公司和它的商品最为突出的特点。广告语要将企业自身的核心竞争力，转化为可以帮消费者解决具体问题的语言（即"我"使用了"你"的商品会有怎样的结果），这是最有效的广告语撰写角度之一。广告语对于企业来说，意味着将企业的"信念可视化"，并切实传达给消费者。广告语可以告诉你的目标消费者，你能为他们做什么，且说到做到。广告语是品牌宣传口号，是面向消费者传播时的表达，可以在不同时期有所变化。广告语一般用于宣传及广告上，在互联网行业还会出现在网站首页及app开屏页中。它不仅仅只是一句必不可少的宣传用语，在很多时候还能对品牌及商品宣传起到巨大的助推作用。必须要注意的一点是，广告语对于商品或企业宣传来说，只会锦上添花，绝不会雪中送炭。也就是说商品或者企业本身得具有实力，否则好的广告语创意也只会被埋没。所以不能为了广告语而写广告语，得根据实际情况来发挥创意。

当设计者开始思考广告语的设计之时，首先应该考虑的是宣传目的及受众。目的一般来说有两种，打造品牌认知或者打造商品认知。打造品牌认知的广告语一般是大型企业或者巨型商品才会设计，比如苹果的"Think different（非同凡响）"或者小米的"让每个人都能享受科技的乐趣"，都是在打造品牌认知；而打造商品认知多为某一个具体的商品广告语，如第一代iPhone的"This is only the beginning（这只是个开始）"或者网易云音乐的"听见好时光"。再来说受众，一般要分层次考虑受众，如B端（企业用户商家）与C端（消

> 视觉营销

费者、个人用户）受众、决定性人群与受影响人群、国内与国外、语言、性别等。

一个好的广告语包含三要素。要素一：简单、易懂、易读、易记；要素二：与你的商品有关；要素三：消费者能从你的广告语中感觉到利益。

广告语设计的切入方式主要分为独特卖点式、强调更优式、为你着想式、利益获得式、品牌主张式、情感互动式、感性温情式这七大类。

一、独特卖点式

撰写方法：如果品牌或商品有别人没有的独特卖点或优点，要用一句简洁且口语化的短句把这个卖点表达出来。值得注意的是，在设计广告语刚开始的时候，表达优点与卖点的内容不管多长都先写下来，再逐步删减修改，修减到你不再能修，并且要足够口语的时候，一句精简漂亮的广告语就产生了。

例如：

杨国福麻辣烫：可以喝汤的麻辣烫。

和府捞面：一斤骨头三碗汤——草本鲜熬。

杨国福麻辣烫的一句话广告语（如图3.3.4），强力传达其商品麻辣烫汤底的不同价值，与竞争对手区分开来。

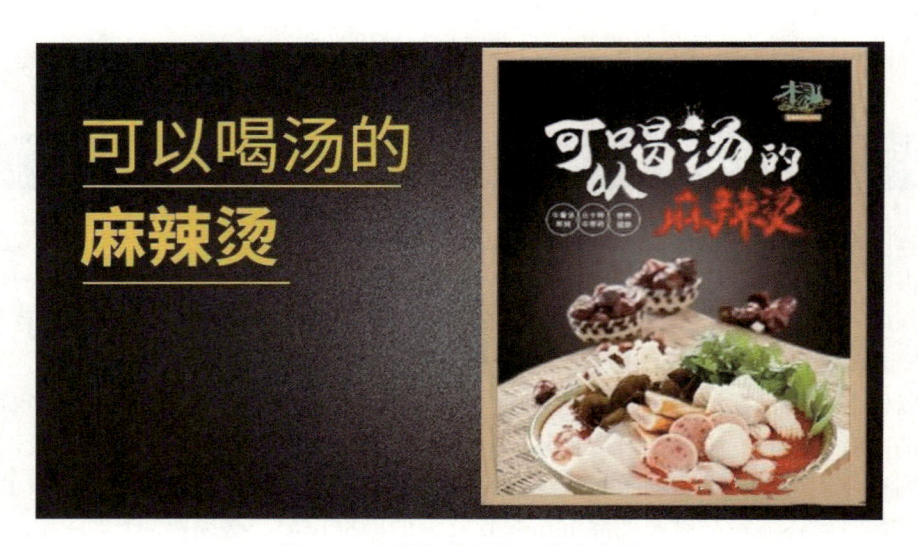

图 3.3.4 杨国福麻辣烫品牌广告语

和府捞面品牌创立之初的广告语（如图3.3.5），把商品主张推向消费者和市场。虽然现在更换了广告语，但不能否认，很多人就是因为这句话记住了这个品牌。

图 3.3.5 和府捞面品牌广告语

二、强调更优式

撰写方法：如果商品没有非常独特鲜明的卖点可以讲，也不是先发或领导品牌，在市场上和竞争对手又处于平分秋色的态势，为了壮大舍我其谁的品牌声势，可以用强调其更优特质的语气，塑造出对商品自信的霸气。所以撰写时，就可表达"我是这个品类中更好的选择"，写出强调更优式的广告语。

例如：

娇兰佳人：优品优选、时尚平价。

三、为你着想式

撰写方法：无论商品是否有独特的卖点，其广告语都可以先用一句话写出这个品牌或商品对于消费者的价值在哪里，再去浓缩优化这句话。这种句型的好处是，可以拉近消费者与品牌或商品的距离，提高消费者对品牌或商品的好感度及信任度。这种广告语设计的方式，除了要放入清楚的人称代词外，还要有如和朋友面对面讲话般的口语来增强亲切感。

例如：

全家便利商店：全家就是你家。

M&M 巧克力：不溶在手，只溶在口。

百服宁：百服宁，保护您。

四、利益获得式

撰写方法：该方法主要表达作为市场的领先品牌或创新商品，其有独特的商品优势。最好的广告语写法，反而就是直接干净利落地用一句口语化短句，把消费者使用该商品后所享有的利益或价值表达清楚，更能表现出领先品牌的自信与专业。

例如：

箭牌口香糖：让你口气清新芬芳。

海飞丝：头屑去无踪，秀发更出众。

五、品牌主张式

撰写方法：如果品牌和商品的卖点与竞争对手或同类商品大同小异，或是已被大家所熟知，且大家都了解这类商品优点在哪里，使用价值也都雷同，那可以另辟蹊径，去设计一句能引起该目标消费者内心共鸣的主张，以口号或话题的形式，巩固该消费者的忠诚度。这种广告语多数是一句信心十足的肯定句，并与商品所呈现出来的精神主张息息相关。简单来说，可以先写下你对这商品想提出的主张，再从中挑出最能振奋人心的一句话。

例如：

Nike（耐克）：Just Do It（想做就做）。

麦斯威尔咖啡：好东西要与好朋友分享。

六、情感互动式

撰写方法：有时品牌和商品想传达的不是其使用价值，而是这个品牌的情感、氛围、个性。它不是品牌主张式的高调放言，其目的是与目标消费者进行情感互动。所以其广告语就是配合广告情境确定一句熟悉得不能再熟悉的生活口头语，套用在品牌身上。让消费者感受人际相处间最质朴、最自然的情感与气氛，让人感觉到这品牌及商品不仅充满人情味，还像好朋友一样可以陪伴在你身边！

例如：

味千拉面：这一碗，让心里好满。

喜茶：一杯喜茶，激发一份灵感。

七、感性温情式

撰写方法：如果品牌和商品的使用价值和竞争商品大同小异，而其又是联络亲朋好友感情的一个媒介，那就可从情感表现切入，和纯商品利益诉求的竞争商品做出品类区隔。这种广告语的写法，就是像在跟爱人或老朋友讲话一样，根据广告情境写出一句充满感性温情的话。

例如：

铁达时：不在乎天长地久，只在乎曾经拥有。

雀巢咖啡：再忙也要跟你喝杯咖啡。

义美喜饼：一定要幸福喔。

结合前面设计的商品品牌标签，以及总结出来的广告语诉求点，可以给芒果农产品品牌设计一句简单明快的广告语：多芒——多芒也不会忘了你。这个广告语利用了"多芒"和"多忙"的谐音，营造出一种温情、有意境的氛围。此外，它还是一句双关语，意在提醒消费者，市面上的芒果品牌即使再多，也不要忘了这个品牌。

第3章 品牌标志的视觉营销

接下来，在上节课完成的商品品牌标签案例基础上新建图层，选择工具栏上的横排文字工具，在画布上双击打上广告语文案：多芒也不会忘了你。接着新建一个图层，选择画笔工具画直线装饰；再选择文字工具，找到字体"Berlin Sans FB"进行排版。最后在橙色横幅上选择文字工具，找到字体"Berlin Sans FB"输入排好版的商品名称，再在文字上用"Ctrl+T"选中文字并进行旋转，使文字倾斜一些更贴合橙色飘带外框。最后得到一个成品效果（如图3.3.6）。

图 3.3.6 商品品牌标签及广告语

【活动实施】

做一做：

（1）根据操作步骤，完成上面的芒果品牌广告语制作；

（2）在掌握芒果品牌广告语设计的三要素和七种切入方式后，根据基本步骤，自己动手设计一个芒果农产品品牌广告语，并制作出来。

【活动评价】

通过活动实施，小明和他的团队更明确了广告语撰写需要包含的三要素以及七种不同的切入方式，学习了如何将自己撰写出来的广告语文案转化为具体的设计图案。

视觉营销

【任务回顾】

　　小明完成了各项小任务，对品牌组成要素也有了更深体会，品牌标志、标签和广告语作为品牌重要形象载体，肩负着承载传播企业文化的作用。学会识别品牌标志、标签和广告语也为小明今后了解认识更多品牌和商品，学习更丰富的企业品牌文化开启了一扇大门。在了解品牌内涵基础上，小明初步掌握了品牌标志、标签和广告语的基本制作方法和技巧。最终，为自家网店销售的商品设计制作了独特的品牌标志、标签和广告语，塑造了具体生动、富有记忆点的品牌形象，为网店下一步的营销宣传奠定了良好基础。

第4章
网店的视觉营销

细节决定成败。恰到好处的网店细节设计能提高本店在芸芸众"店"中的辨识度。那么哪些网店细节是做好网店销售的关键呢？做好导航条的细分类目可提高网店的浏览效率；首页宣传海报的良好视觉体验是促成消费者交易的因素；爆款打造是增加复购率与曝光度的关键；合理开展关联销售能切实际提升网店销量。

本章将通过介绍网店导航设置、首页设置、爆款打造、商品关联销售四个方面去介绍网店的视觉营销。

| 视觉营销

学习目标

通过本章的学习和实践，你应该能够：

（1）了解网店视觉营销的设计思路；

（2）根据网店商品图片及网店装修风格来确定导航、首页的设计风格；

（3）理解并灵活运用打造爆款与常用关联销售的方式，做好商品推荐。

【任务导入】

小明以消费者身份浏览自家网店时发现网店商品类别虽然丰富，但是分类不合理，针对性不明确，不能快速找到自己想要的商品；网店的浏览量虽多，但成交量却不够理想。

对比了其他同类网店后，小明发现问题出在自家网店导航条的设置上。导航设置不规范，分类不合理，导致消费者无法快速精准地找到自己想买的商品，就有可能放弃寻找从而选择在其他家网店购买。小明还发现，高销量的网店，他们的导航条放置的内容既清晰明了又十分有针对性，能够突出本店的主推商品，其设计风格与网店整体设计风格相呼应。分类导航功能为光临网店的消费者带来了一定的便利性。

如果你是小明，如何为网店设置分类导航呢？

【任务解析】

网店有分类导航的功能，商家应该利用好这一功能优化自己网店商品分类功能，提高商品查找效率，促进商品销量；还应结合本店的特点特色，将导航功能发挥最大化。

第4章 网店的视觉营销

4.1 网店导航的类目细分

活动 网店导航设计

【小任务】

导航通常位于网店顶端，为满足商家分类网店各类商品的要求，商家可以把自己要表达的重要内容添加在导航里；同时也便于消费者直观地搜索网店内商品，快速地找到自己所要商品的类目。导航要具备新颖、便于记忆等特点，做好导航设置就是做好网店商品的指引牌，充分合理表现网店商品的分类。本活动的小任务是为帮助小明设计自家网店的导航，为网店的进一步装修做好铺垫。

【活动指导】

一、认识网店导航

网店的导航版面大多都比较简洁，常采用标准的颜色和字体，让人看了对网店内的商品一目了然。网店导航可以清晰地告诉消费者网店的主营内容（如图4.1.1）。

网店导航上主要包括网店标志、网店名称、品牌名称、广告商品、收藏按钮、关注按钮、促销商品、优惠券、活动信息、搜索框、联系方式、网店公告等。单击相应模块链接可直接跳转到对应的页面。

以淘宝网为例，目前淘宝网的网店网页尺寸分为两种，一种宽度是950px，另一种宽度是1920px；基础版旺铺的店招尺寸是120px×950px；专业版和智能版旺铺店招都是全屏效果120px×1920px。

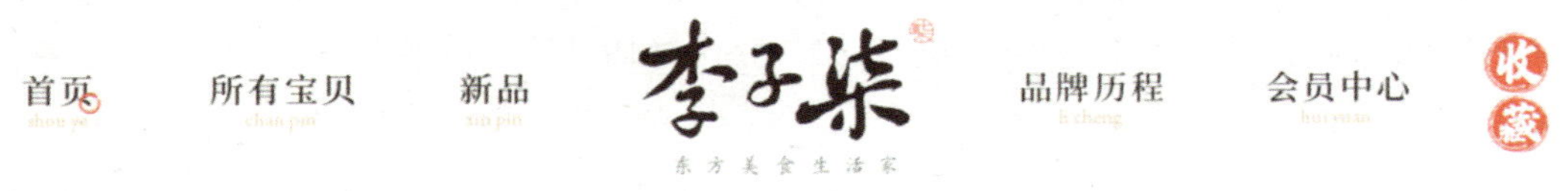

图 4.1.1 网店导航

| 视觉营销

二、导航的设计思路

网店导航是服务于整个网店的设置，便于网店的推广。它在设计上要具有新颖别致、易于传播的特点，遵循的基本原则是：突出品牌形象与商品定位（如图4.1.2）。商家设计者在设计网店导航时要尽可能站在消费者的角度去分析思考。

图4.1.2 突出品牌形象、商品定位

导航版块的色彩可以在网店装修的风格上提取，这样整个网店的版面会更加美观、统一，让消费者在视觉上体验美的感受。图4.1.3是以销售生鲜水果为主的网店导航设计及对应色卡。在导航设计中品类设置里有明确的水果种类便于消费者浏览选购；在颜色上用具有质感的绿色和充满活力的橙色进行搭配，绿色和橙色与生鲜水果商品的特点吻合。网店推荐商品的字体与其他商品字体做了区分，看上去层次分明，内容简洁明了。

图4.1.3 导航设计及对应色卡

如图4.1.4所示，在导航中添加本店主打商品链接，用具有代表性的图片展示销售内容。导航版块的色彩与网店装修风格相统一，融入整个网店装修风格和色彩。

第4章 网店的视觉营销

图 4.1.4 网店导航

【活动实施】

想一想：

本活动的小任务是对网店导航进行设计。为了让导航在网店中发挥它应有的作用，提升消费者在本店浏览的良好体验，请思考以下问题：

（1）在做网店导航时应如何结合网店商品进行设计？如何设置导航才能凸显网店商品特点，提升网店形象？

（2）在导航中是否需要摆放本店所有内容，导航中的内容应如何选择？

（3）在设计导航时是否应考虑网店的色彩搭配？需要以什么为出发点？

做一做：

（1）以淘宝网为例，在淘宝网上查找相关生鲜类网店，分析销量较高的网店与销量较低网店的导航之间有何区别。

（2）根据本节所学知识，帮助小明设计一款水果类网店的导航。导航中需包含网店名称、标志等。要求内容合理，设计符合网店商品特点，字体颜色、色彩风格等合理搭配。

【活动评价】

通过活动实施，小明认识了网店导航的作用，同时学会根据商品特点和网店需求利用导航对商品进行分类；掌握了导航设计的思路，并能够根据网店商品图片及网店风格来确定导航的风格及配色，为下一步进行网店装修奠定了坚实基础。

视觉营销

4.2 网店的首页设置

活动 认识网店首页

【小任务】

网店首页是网店形象的展示窗口，决定了网店的风格。设计精良的网店首页是引导消费者消费、提高网店转化率的重要手段。网店首页装修的好坏直接影响网店的品牌宣传效果和消费者的购物体验。装修好的网店像专卖店，更容易赢得消费者的信任，而装修差的网店则像摆地摊，因此首页的视觉装修设计至关重要。本活动的小任务是帮助小明认识网店的首页，为网店的进一步装修设计做好铺垫。

【活动指导】

网店首页作为网店的门面，其装修的好坏直接影响消费者的购物体验和网店的转化率。如何才能装修好网店首页呢？首先要考虑网店的布局。合理的网店布局可以提高网店的完整性，以及消费者的忠诚度，还可以达到更好的消费者体验效果。淘宝提供了免费的系统模板，方便商家迅速进行网店的布局（如图4.2.1）。如果对网店装修的要求较高，还可以在网店装修页面购买付费的装修模板进行布局设置。

图 4.2.1 网店系统模板

074

一、了解网店首页基础模块

进行模块布局前，需要了解网店装修的基础模块（如图4.2.2），除了店招、导航与页面背景外，常用的基础模块还包括以下10项。

图 4.2.2 网店首页常用基础模块

（1）商品推荐模块：网店装修中的商品推荐模块在网店就像是一条横幅。在商品推荐模块中可以自动添加网店中销售最好的商品，或者手动添加想要打造的爆款。

（2）商品排行模块：可以给消费者起到流行向导的作用，是网店营销及打造爆款必备的模块。商家推荐方式可以选择自动推荐或者手动推荐。

（3）默认分类模块：将网店的商品进行归类放置，可添加默认分类模块，并在类目中分别将商品按销量、收藏、价格、新品进行排列，便于引导消费者按类别选择需要的商品。

（4）个性分类模块：商家根据自己网店特色和喜好，用一些个性化的文字或图片来设计商品的分类标签，可以在引导消费者消费的同时，加深消费者对网店的印象。

（5）自定义区模块：由于没有固定尺寸的限制，该模块可以用来展示推荐商品或网店的活动，是网店装修常用的模块。

（6）图片轮播模块：该模块用于放置单品或新品的促销广告，从而吸引消费者的眼球，也是网店进行促销活动时的必备模块。

| 视觉营销

（7）全屏宽图与全屏轮播模块：该模块可设置宽度为 1920px 的全屏海报与全屏轮播图，其显示的区域大，更能给人震撼性的视觉效果。这也是促销活动时常用的模块，但需要付费进行开通。

（8）搜索框：设置搜索的关键词和价格区间，以便消费者点击和搜索整个网店的商品。

（9）客服中心模块：在网店首页页头、页中或页尾处一般都需要添加网店的客服中心模块，以便能让消费者快速咨询商品的相关信息。

（10）收藏模块：收藏模块能够增强消费者体验，增加消费者黏性，促进消费者的二次购买。

二、网店首页的作用

网店首页在品牌展示、流量疏导、活动宣传等方面起着重要作用。

1. 品牌展示作用

网店的品牌形象是通过网店的整体视觉传达给消费者的，而网店首页是消费者对网店形成第一印象的重要区域，是消费者在整个网店当中访问量较大的页面。首页承担着传达品牌形象的重要任务。

在利用网店首页宣传品牌时，通常会在首页文案中植入品牌的文化、理念等。通过呈现品牌的名称、标志等相关信息，让消费者在浏览商品或者广告图时加深对品牌的印象（如图 4.2.3）。

图 4.2.3 品牌的展示

2. 流量疏导作用

网店首页的流量非常大，包含网店搜索、收藏访问、直接访问、从首页链接到其他页面等功能。首页上的活动入口、分类导航、商品陈列、搜索模块等都是疏导流量的方式（如图 4.2.4）。合理地疏导首页的流量，可以有效地降低整个网店的跳失率。利用网店内的导航模块，让消费者快速定位目标商品。合理设置分类导航可以把流量精准地引导到目标商品或者页面上。

图 4.2.4 分类流量疏导案例

3. 活动宣传作用

网店首页常见的活动宣传有单品活动宣传和整店优惠活动宣传，其主要目的是吸引消费者关注网店活动，进而购买商品或收藏网店（如图 4.2.5）。

图 4.2.5 商品活动宣传

视觉营销

三、网店首页的布局

一个装修成功的首页不仅能够提高网店的整体形象，还能够提高网店的转化率。合理的装修风格和布局能够给消费者带来很好的购物体验，给消费者留下良好的印象。首页的布局并非是将所有模块直接堆叠在一起，而需要根据自己网店的风格、促销活动，以及目标消费群体的浏览模式、需求及行为来进行合理的组合与布局（如图4.2.6），下面分别进行介绍。

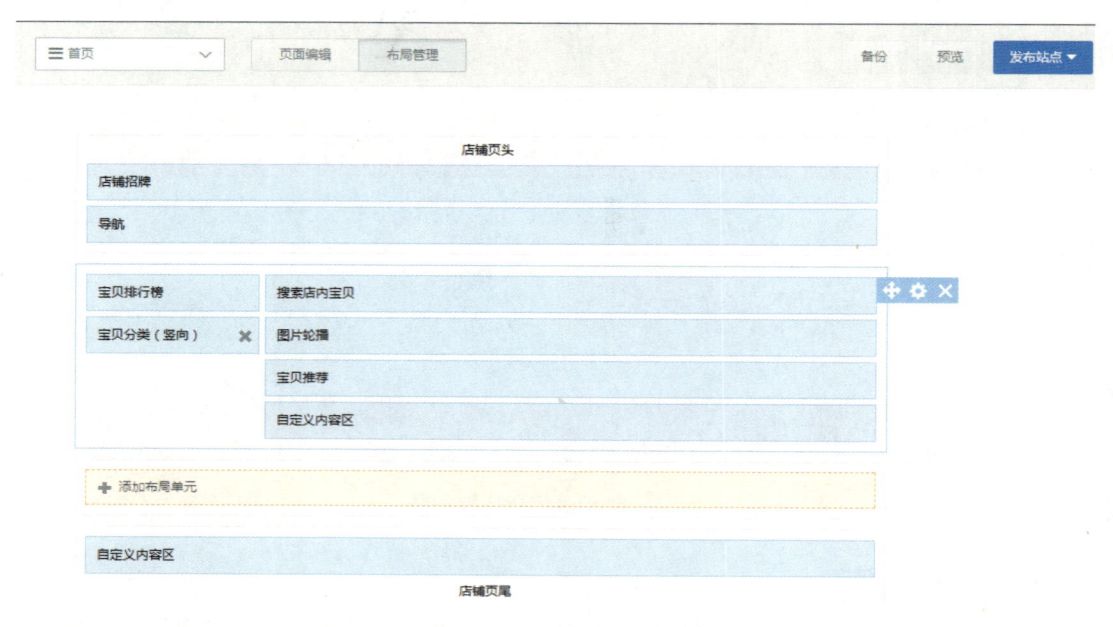

图4.2.6 首页布局管理

首页布局案例如图4.2.7所示。

（1）首页的第一屏。网店首页的第一屏是点击率最高的区域之一，该区域是消费者进入网店后的视觉要点。如果该区域设计得不够出色，那么消费者就会失去继续浏览下去的动力。在展现该区域时，商家应该着重展现网店的重要信息，如热销的商品、商品的分类、促销活动等。

（2）首页下半部分。这部分要整齐统一，有层次感。无论是淘宝还是其他电商平台上的系统模块，在布局方式上都是按照相似的展现方式进行统一布局的。这样方便浏览，更利于消费者查看。为了让网店更具有视觉感，可以对首页每个模块进行调色，用不同的颜色刺激消费者的视觉感受，让其能够区分并定位不同模块的作用，从而快速找到需要的信息。

（3）活动页。首页第一屏作为视觉要点，是整个首页的重要区域。但若只是用作对单个商品的推广，可能会浪费网店最好的资源位置。此时，在首页第一屏中可设置活动页，用作商品和活动的宣传，让消费者有更多选择，从而提高成交率。

第4章 网店的视觉营销

图 4.2.7 首页布局案例

【活动实施】

想一想：

本活动的小任务是对网店首页进行布局设计。为了让网店首页发挥它应有的作用，增加网店流量，提高网店点击转化率和成交量。请思考以下问题：

（1）网店首页的设计要点是什么？

（2）如何进行网店首页的视觉传达？

（3）网店首页布局的方法有哪些？

做一做：

（1）请在淘宝上查找相关生鲜类的网店，分析销量较高的网店与销量较低网店的首页之间有何区别。

视觉营销

（2）根据本节所学知识，设计一款生鲜类网店的首页，突出其视觉要点，让网店中的主推商品和活动一目了然。要求内容合理，设计符合网店商品特点，字体颜色、色彩风格等合理搭配。

【活动评价】

通过活动实施，小明认识到网店首页的重要意义。小明计划设计好自家网店的首页，提高网店的完整性，以及消费者的忠诚度，达到更好的消费者体验效果，为网店的进一步装修设计做好铺垫。

4.3 爆款的分析以及打造方法

活动　爆款的打造

【小任务】

爆款的挑选和推广是决定爆款成败的关键因素。挑选一个好的商品作为爆款，是网店成功的开端。能不能选择一个具有潜质的商品进行打造，直接关系到了该爆款的打造是否能成功。本活动的小任务，就是帮助小明了解爆款及其打造方法，为提升网店流量、提高网店转化率做好铺垫。

【活动指导】

一、什么是爆款

所谓爆款，就是指网店内正常销售的商品在经过促销等方式的策划下成交量非常大的单品。爆款广泛应用于网店与实体商店。其通常表现为，该商品在同类目下销量排名靠前，占据热搜词排名前几位，交易量占整个网店总交易量的比重较大，并且能拉动网店整体交易量持续上涨（如图4.3.1）。

第4章 网店的视觉营销

图 4.3.1 爆款商品购买页面

简单来说,爆款是一种现象,即高曝光、高流量、高订单。它不仅仅代表了某件单品的热销,还代表了其背后网店的崛起,影响着网店整个销售周期和销售格局。但是,爆款并不一定是网店主要的利润来源,甚至它可能导致网店亏损。因此,在打造爆款的过程中,一定要进行调研与测试,必须要经过数据化的分析,否则十有九亏。

二、爆款打造的目的

1. 通过单品促销实现整体盈利

打造爆款旨在打造明星单品,在网店追求规模化的同时,严格控制运营成本,通过极具性价比的商品来占据市场销售份额。纵然该单品的毛利率可能很小,但在规模化的基数上,利润也相当客观。

为什么现在很多商家打造的爆款很难盈利,其原因主要有两个:一是商品成本较高,在满足性价比特征的同时,其毛利率不足以填补全店整体成本。二是在商家追求规模化销售时,如果没有严格控制好运营成本,可能导致商品滞销压货;与此同时,假如网店的关联销售率不高,则又很难带动其他商品一起销售。

2. 打造网店流量入口

打造网店流量入口,是提升网店整体运营能力的基础。流量是销售的基础,只要有流量就存在被转化的可能,流量越多转化就越多,销售额也会随之增加。商家打造爆款旨在获取更多的自然流量,因为爆款的搜索排名较好,可以获得更多展现机会,是全店的流量入口。

爆款还可以帮助商家提升网店运营能力,假设网店平均每天只有500访客,每天大概发货十几个订单,在这种发货量基础上,是看不出任何问题的。这十几个订单即使手写快递单都能完成。可假设有 1000 个订单呢?如何才能将订单准确并且快速地发出,如何保证商品供应链跟得上,售前客服如何顶住咨询压力,售后客服如何及时处理退换货等问题,只有当订单量较大时才会显现。随着订单量的提升,商家需要逐步完善这些运营细节,才

视觉营销

能提升团队整个运营水平，所以说爆款带来的大流量有助于提升网店整体运营能力。

3. 让消费者体验服务，重复购买

网店通过打造一款具有高性价比的商品来吸引消费者购买，从而让消费者体验网店销售服务，不管是商品质量、商品包装、使用说明、发货速度、赠品，还是售后服务、疑难问题解答等，都可以让消费者有一个良好的购物体验，并且要超出他们的预期，进而培养忠实顾客，形成口碑传播，促进重复购买（如图4.3.2）。

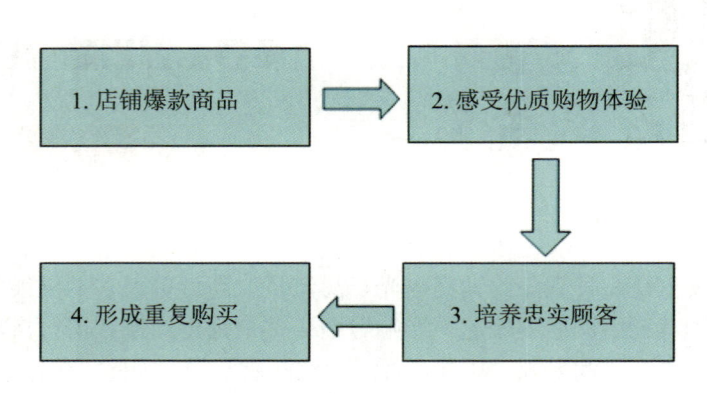

```
1.店铺爆款商品  →  2.感受优质购物体验
                          ↓
4.形成重复购买  ←  3.培养忠实顾客
```

图 4.3.2 打造极致购物体验形成重复购买

三、爆款的选择

1. 分析商品优势

商家在选择爆款前首先要综合考量自身优势，比如商品有什么特色？款式是否新颖？有没有成本优势？确立了优势之后，再去放大你的优势。商家要站在消费者的角度思考问题，消费者为什么选择我，而不选择别家的？针对这些问题，商家要创造更多让消费者选择自家商品的理由，不断探索自身商品的独特卖点。

2. 爆款的特点

（1）打造爆款要顺应甚至引领行业趋势。在选款前，需要进行同类品分析。打个比方，如果要推广一款连衣裙，这个时候，可以先去电商网站搜索关键词"连衣裙"，不需要你去分析得多么细多么透彻，但至少对"连衣裙"的商品款式、商品属性、商品价格、商品评价等作充分的了解。

（2）爆款的价格不要太高，但是质量一定要好，性比价要高。

（3）生产周期快，货源充足，能长期持续稳定供应。

3. 爆款公式

一个商品能不能大力推广，会不会成为爆款，我们可以利用以下公式推算一下。

（收藏＋加购）/ 总访客数 ＝ 收藏加购率

一般来说，收藏加购率达到15%以上的商品可以大力推广，如果低于8%的话，建议换一个商品。

四、分析爆款的销售周期

在准备好一切之后，商家们就可以着手打造爆款了。在准备打造爆款的前期，商家可以通过适当的营销推广工具以及硬广等来吸引更多的流量，检验自己挑选的爆款商品是否被消费者所接受。之后，便进入了爆款打造的四个发展时期。

（1）导入期。导入期即是商品刚上架的时期，这个时候是很重要的一个时期，并不需要很大的投入来刺激流量，只需保持基本的流量即可。这个阶段是用来检验此商品是否能被消费者接受，是否可以用来做爆款商品的时期。如果在这个时期的销售转化率较高，则代表在接下来引入大量流量的时候，此商品的销售转化率可能也不低，适合打造爆款。

（2）成长期。在这个时期，商家可以加大对此商品的推广力度，增加在营销工具上的投入，同时还要观察商品是否值得更大的投入。这个阶段是商品流量和成交量增长最快的时期，可以使用一些性价比高、见效快的营销推广工具。商品能不能成为爆款，就取决于商家们在成长期的营销操作。

（3）成熟期。当商品在成长期中获得大量的成交量之后，淘宝系统将会自动判定这是热销商品，同时运营后台也会注意到此商品。在这个环境里，商家应该使自己的推广力度和投入达到顶峰。在加大对流量推送的同时，也要留意一些官方活动，尽可能地参加官方组织的一些活动，引入更多额外流量，同时促进关联销售。

（4）衰退期。在大势期接近尾声的时候，爆款商品的成交量已经开始逐渐下降，在推广力度和投入稳定的情况下，流量也开始下滑，这就证明这款商品已经过时，到达衰退期。这个时候应该减少在此商品上的推广投入，开始想办法做关联销售，让消费者们充分了解网店里的其他商品，留住回头客；同时要开始致力于挖掘新的有潜质的爆款商品。

五、打造爆款的步骤

古语有云"不谋万世者，不足谋一时；不谋全局者，不足谋一域"。打造爆款同样有科学的策略与步骤，但很多商家打造爆款毫无章法，非常盲目：不知道什么时候要加大推广投入，什么时候该提价，什么情况下该调低价格，什么时候放弃利润，未来在什么时候获取利润。

很多人说打造爆款就是"低价冲量"，这样说好像有一定道理。但是这只是其中很小的一部分，在战略上要清楚为什么前期亏损，目的何在？未来要如何再将利润赚回来。有的商家更甚至为了打造爆款而打造爆款，只会低价冲销量，却忽略了后期的利润赚取。

在前面的内容中提到过，爆款是有销售周期的，大致分为导入期、成长期、成熟期、衰退期四个阶段。接下来我们从这四个阶段逐步讲解打造爆款的步骤。

1. 导入期：排兵布阵，步步为营

该时期主要做好以下工作。

（1）网店快速上新。

商家要选款备货；拍图制作商品详情页；以最快的速度将商品上架；做好标题书写；合理安排上下架时间；将商品的属性信息完整详细地展示在商品详情页，例如服装类目、面料名称、面料成分及版型介绍；做好试穿建议，不同顾客身高体重的尺码推荐等，要让

视觉营销

顾客了解商品，并且帮助顾客选择合适尺码。

（2）确定主推款。

保证商品款式与货源充足，选定主推款，在网店明显位置给予更多展现，例如店招、首页海报、商品详情页关联推荐、列表页左侧热卖推荐、商品详情页左侧热卖推荐等。通过网店整体设计为该款商品集中引入流量。

（3）为主推款实施推广计划。

该阶段可以为主推款实施推广计划，测试商品图片点击率，根据数据逐步优化商品详情页转化率，为迎接销售旺季做好推广准备。

（4）为新上架商品累计销量。

开始为导入期新上架商品累计销量，普通款商品销量破零即可，设置好网店促销活动与相关商品搭配。

2. 成长期：快速冲量，速战速决

在成长期最主要的任务是为主推款快速冲起销量，达到本类目爆款销量水平，加大广告推广投入，通过网店促销活动逐步带动全店商品销售。

冲销量最常见的方式就是将商品价格下调，使得该商品具有高性价比，同时开通付费推广，根据最终目标销量合理分配广告费。

例如，如果需要预计在 5 天时间打造 1000 销量，则平均每天要保证 200 销量。根据前期销售情况，后续也可逐步抬高价格。这样做的好处是，有利于商品自然搜索的排名提高，可以获得更多自然流量；弊端就是成本较高，不仅在单件商品上亏损，还要额外付出广告费，资金压力较大，风险较高。

3. 成熟期：稳定销量，追求利润

冲量阶段结束后，爆款销量已经有一定的累计，此时商家的主要任务是维持爆款每天的销售量，优化网店结构，通过关联推荐与搭配套餐的形式进行整体销量带动。在达到销售效果后要及时更换其他关联商品，以完成网店利润款商品销量累计。

通过与爆款进行关联搭配，保证网店其他商品的基础销量，为下一个爆款做好准备；也可以通过关联销售，把流量引导到利润更高的商品上，控制成本，追求利润最大化。

4. 衰退期：回流资金，爆款衔接

随着时间的推移，市场周期性波动，整体销售开始走下行路线，此时会发现爆款的销售量逐渐下降。在推广稳定投放的情况下，网店流量会出现下降，这并非是网店自身原因造成的，主要是由于爆款商品销售旺季即将过去，继续在该爆款上下大力度推广将会事倍功半。此时要缓慢降低推广成本维持爆款的销量，可通过让利促销带动其他商品销售，以完成新品爆款的更迭。

第4章 网店的视觉营销

【活动实施】

想一想：

如何理解"爆款货源是选款和在网上开店的第一步"？

做一做：

（1）在网络购物平台上查找你感兴趣的高人气小商品，判断它是否是其网店中的爆款？

（2）结合网店类目及销售情况，对此款商品分析，说说它具有哪些爆款特征？

【活动评价】

通过活动实施，小明完成了认识爆款商品的小任务，明确了在进行网店选款时，对爆款商品进行准确定位和判断的重要性，更掌握了一些打造爆款的方法和技巧，为更好地提升自家网店流量及转化率提供了有效方法。

4.4 商品关联销售

活动 关联销售的应用

【小任务】

商品详情页是向消费者充分展示商品的特点、功能、价值的重要视觉窗口，但受限于网上商店的展现空间以及网络技术的发展。例如过去消费者在浏览网页时，往往只能一次只关注一件商品，导致浏览挑选商品的过程要耗费大量的时间成本，效果却不尽如人意。

如何能让更多商品被消费者在浏览同一网页时关注到，就需要商家调整思路，在增加网店可视化的视觉体验上下功夫。在同一网页页面内，合理增加关联商品的展示位置，给消费者提供更舒适便捷的购物体验，有利于提升销售量，也关系到网店能否在激烈市场竞争中脱颖而出，获得消费者的认可和喜爱。本次活动的小任务，就是帮助小明熟悉关联销售的搭配类型，从而为更专业地利用商品推荐引导消费者需求做好准备。

| 视觉营销

📖【活动指导】

通过资料查询，小明体会到关联销售会对客单价产生直接影响，而客单价就是指平均一个客人购买商品的金额，其计算公式是：客单价＝销售总额÷消费者总数。简单来说，当一个消费者在店里单次购买支付金额越高，客单价就越高，网店销售总金额也跟着提高了，这也就意味着网店生意更红火。由此可见，网店中关联销售的作用很大，值得被重视。

一、关联销售的应用场景举例

提到关联销售，大家并不会感到陌生，它其实是日常销售中的普遍现象。例如，消费者到实体商店选购衣服，导购人员常说，"要不我再给您拿一条裤子搭配一下，您看看整体效果怎么样？"有时为打消消费者顾虑，导购人员还会说，"搭配起来看一下效果，买不买没关系的。"在看似平常的交谈中，就藏着关联销售的奥秘。假如搭配得当，有些消费者也乐于购买。导购人员在服务好消费者的同时，也增加了业绩收入，各有所获，两全其美。又如，到餐饮店吃饭点餐时，前台的点单服务员常会问消费者，"您看要不要再加一杯饮料呢？"从这两个生活小场景中不难发现，关联销售广泛存在日常生活消费场景中离我们并不遥远。

无论在线下实体商店或是网上商店的销售中都隐藏着关联销售。如果消费者上网购物，网店客服在回复消费者关于某件商品的咨询时会说，"店内还有很多商品都是不错的，您可以先逛逛，看下还有哪些需要，可以一起加购（加入购物车）下单哦！"这些都是关联销售、引导消费的具体体现。另外，凡是客服主动推荐消费者意向购买商品以外的关联商品，都属于关联销售的范围。

归纳来说，关联销售是一种建立在买卖双方互利基础上的营销方式，它通过挖掘不同商品卖点的内在关联性，适时引导消费者的消费需求，以促进网店销售的提升，是许多卖家常用的促销方式。关联营销的常见做法就是，在一个网店商品详情页面里面加上其他商品的图片和链接，在不抢占主款商品风头的前提下，吸引消费者点击查看、加购。

二、关联销售的重要作用

1. 有效提高流量的利用率

在这个流量为"王"的时代，商家纷纷想尽办法，只为成功引流以提高销量。因为每一个商家都明白，流量直接关系到网店的生存和发展。而关联销售，可以让进店的流量在自家网店内部流动起来。尤其是对于单价比较高、点击转化率又较低的网店，更应该通过关联销售，充分利用流量，进行宣传销售。

2. 打造更理想的商品视觉效果

关联销售可以帮助商家在展示商品时，把更多优质商品合理推荐给消费者，增加网店其他商品的展现率和成交机会。如果能巧妙地将关联商品置于特定场景配合展示，既加深了消费者的视觉印象，又能让网店整体搭配效果更立体、直观。

第4章　网店的视觉营销

3. 展现客服人员的专业程度

网店客服需要开展关联销售，这其实与客服的工作本质密不可分。按照分工不同，网店客服可分为售前客服和售后客服。

售前客服，不仅是为了应对消费者咨询而存在的，更多时候扮演着实体商店导购人员的角色。因此，售前客服要努力挖掘消费者需求，设法为消费者推荐关联性强的商品。关联商品的出售带动了网店销量，提升了客单价。如果推荐商品得当，不仅可以展现出客服人员的专业水平，还能给消费者留下网店品类齐全的好印象。

下面我们就来了解一下，常见关联销售都有哪些类型。

三、常见关联销售的类型

首先，我们要梳理商品之间的关联关系。在关联商品中，较常见的是，同类型商品和互补型商品。举例来说，消费者在浏览某一家服装网店时，同一品牌的棒球服外套、风衣外套、牛仔外套，都可看作是同类型商品，而与其进行搭配的裤子或裙子就是上衣或外套的互补型商品。除了以上两种默认存在的商品联系，在实际销售中，我们还可以通过价格组合或者数据统计来为商品建立关联，并以此为依据进行搭配销售。

1. 同类型关联销售

同类型关联销售，需要商家先对外观、功能属性、实际用途等方面具有相似性的商品进行分类组合，在明确消费者需求前提下进行推荐。同类型关联销售可以在丰富消费者购买选择的同时，增加商品销售概率。需要注意的是，推荐同类型商品，要抓住消费者最初的购物意愿，这样转化的成功率会更高一些。例如，女装上衣（如图 4.4.1）、女童卫衣（如图 4.4.2）都属于同类型关联销售。

图 4.4.1　品牌女装呢子大衣 同类型关联搭配

图 4.4.2　女童卫衣 同类型关联搭配

| 视觉营销

2. 互补型关联销售

商家可以根据消费者咨询情况，并结合消费者意向商品特点，推荐与主推商品功能互补的相关商品。以下商品组合就属于互补型关联，如童装上衣和裤子（如图 4.4.3）；儿童平衡车和头盔（如图 4.4.4）；洗发水和精华素（如图 4.4.5），等等。

图 4.4.3 男童羽绒服 + 长裤

图 4.4.4 儿童平衡车 + 头盔

088

第4章 网店的视觉营销

图 4.4.5 洗发水 + 护发精华素

这类推荐适合在主推商品页面进行嵌入式关联，使关联商品能同步出现在消费者意向购买商品的页面，恰到好处地引起消费者注意。而设计合理的关联销售页面，会对消费者产生一种暗示，促使有需求的消费者直接将商家搭配的商品加入购物车，对提升销量会起到有力的推动作用。

3. 价格型关联销售

价格型关联销售是指，商家遵循"高价位商品+低价位商品≈高价位商品"的搭配原则，将高价位商品与低价位商品组合销售，消费者会认为一件商品的价格能买到两件商品，产生物有所值甚至物超所值的"错觉"。若这样的商品搭配组合确实都是消费者自己所需要的商品，那么消费者会毫不犹豫地将其加进购物车里。例如，儿童头盔和平衡车的关联销售（如图 4.4.6、图 4.4.7）。

图 4.4.6 儿童头盔和平衡车 价格型关联搭配 1

| 视觉营销

搭配更优惠

搭配价 ¥1598-1936

图 4.4.7 儿童头盔和平衡车 价格型关联搭配 2

考虑到网店销售的实际成本，在选取关联销售商品时，如何切实根据商品价格进行合理搭配就至关重要了。但毫无疑问的是，科学的关联商品搭配能有力推动销量，也会受到消费者的欢迎。可以想见，随着数据挖掘技术的普及应用和销售成本的上升，商家主观进行关联销售的做法将逐渐弱化，而越来越多的商家力图以商品和服务取胜市场，单纯的价格型关联销售将会逐渐让位于数据型的关联销售了。

4. 数据型关联销售

数据型关联销售，顾名思义，就是根据消费者购买商品或浏览商品的数据，计算推测消费者还倾向同时选购哪些商品，并以此作为关联销售的依据。

数据关联销售的早期经典案例，就是"啤酒与尿布"的故事。据说，当年美国沃尔玛超市通过收集本土销售中的数据，并进行数据挖掘，惊讶地发现，许多男性消费者在购买婴儿尿片时，常常会顺便搭配购买几瓶啤酒。于是，沃尔玛尝试推出了将啤酒和尿布摆在一起的促销活动。令人出人意料的是，这个举措居然使尿布和啤酒的销量都同时大幅增加了。这个案例带给我们的启示是：数据分析能帮助我们发掘消费者的潜在需求，商家可借此将存在内在销售关系的商品进行关联销售，而这样的内在联系往往是人们很难直接发现的。

比如，通过数据统计发现，夏天购买游泳衣的消费者常常会同步购买防晒用品，这种关联类型就属于数据型关联 。在具体操作时，我们可以借助两种数据，一种是消费者购买记录，另一种则是消费者浏览记录。

（1）根据消费者购买记录进行关联销售。

商家可以根据从后台导出的销售数据，借由商品关联销售销量较好的数据结果和消费者反馈热烈的商品，来进一步总结规律，进行关联销售推荐。例如，不少购买了 A 商品的消费者，也同时购买了 B、D 商品，那么在后续的商品推荐中，我们有理由考虑把 A、B、D 三件商品进行关联销售。

（2）根据消费者浏览记录进行关联销售。

另一种情况就是，当我们通过数据统计发现，许多浏览了 A 商品的消费者，也同时浏览了商品 E 和商品 F。根据浏览记录来进行关联销售也是科学而有效的。需要注意的是，关联销售不等同于捆绑销售。商家在购买页面中可以充分进行推荐设置，但购买主动权始终掌握在消费者手里。因此，要想推荐得当，商家就要做个有心人，学会换位思考，深入挖掘消费者需求，做好关联销售。对无意购买关联商品的消费者，要尊重他们的意愿，在表达感谢的同时，适时预告网店近期活动，邀请消费者关注。这样既能给消费者留下好印象，也能为下一次销售做好铺垫。

【活动实施】

想一想：

请任意挑选并观察一家网店中的三件商品，并思考以下问题：

（1）这三件商品的主要面向的哪些消费人群？
（2）这三件商品的各自的卖点是什么？
（3）如果你要为这三件商品分别选择搭配的关联商品，它们各自的互补型和同类型关联商品会有哪些呢？

做一做：

（1）收集网店信息，选定三家销售量较高且主营商品类型不同的网店。
（2）在三家网店内，分别找出销售量最高的一件商品，确定为主推商品。
（3）通过网店展示的关联商品信息，填写表 4.4.1。

表 4.4.1 商品关联销售搭配组合

序号	网店名称	主推商品及卖点	同类型商品及卖点	互补型商品及卖点	消费人群与搭配场景
1					
2					
3					

【活动评价】

通过活动实施，小明完成了关联销售组合搭配的小任务，明确了在进行关联销售之前，要确定商品卖点、消费人群，找准搭配销售的商品在卖点方面的关联性，并进行关联匹配，为下一步努力提升网店的销售量做更充分的准备。

第 5 章
文案的视觉化

广告文案是指以语言文辞来表现广告信息内容的一种形式，有广义和狭义之分。广义的广告文案是指将标题、口号、正文与广告形象进行相适宜的选择搭配；狭义的广告文案只包括标题、正文、广告语的撰写。文案视觉化则是通过文案与图片相互搭配，创造出具有创新、创意的视觉化文案，使文案充分发挥视觉营销作用。

本章将重点介绍文案视觉化的作用，重点分析几种不同的视觉化文案，并通过实例，帮助同学们掌握视觉营销中文案的设计方法和技巧。

| 视觉营销

学习目标

通过本章的学习和实践，你应该能够：

（1）了解文案与视觉营销的关系，了解文案在视觉营销中的作用；

（2）了解根据 FABE 营销法则对文案视觉化后产生的影响；

（3）掌握卖点营销文案、痛点营销文案和促销营销文案的设计方法和技巧；

（4）提升文案视觉化的设计能力、分析能力以及鉴赏能力。

【任务导入】

在完成前几章的学习后，小明掌握了网店视觉营销的一些技术技巧，但在实际运用中，发现有时候海报、商品详情页等都做得很漂亮，但还是起不到促进网店销售量增加的作用，激发不起市场的活力。而有一些商品的海报、商品详情页设计看似简单，可里面的文案却能迅速吸引消费者的眼球。本章我们就通过几个文案视觉化的任务，帮助小明和同学们学习并掌握文案视觉化的技巧和方法。

【任务解析】

视觉营销是指电商企业在消费者的视觉感官上下功夫，引起消费者的共鸣联想，使消费者对商品产生认可和信任，从而达到营销目的的一种营销手段。通常色彩、图像、视频、文字等一切可以产生视觉效果的载体，都能对消费者造成一定的视觉冲击。但要实施电商视觉营销策略，精细化的视觉与交互设计是其中的关键点。通过简洁的文字和风格统一的图片进行网店视觉化设计，可以使整体页面协调、统一，激发目标消费者的潜在需求。下面我们就通过一些案例分析了解文案在视觉营销中的作用，通过任务实施了解并掌握常见的几种文案视觉化的方法和技巧。

5.1 让文案视觉化

人们在获取信息的过程中,很难对单一形式的信息产生兴趣。通常图片信息要比文字信息让人们能更加快速并直接地产生深刻印象,也就是说视觉化了的信息能使人们进一步增强印象以及记忆与思维等方面的反应强度。与直接诉诸人的感官的视觉形象相比,作为以文字为主要诉求手段传达广告信息的文案的生存似乎受到了巨大的挑战。那么我们该如何理解文案在视觉营销中存在的价值?如何在网店中让文案更好地呈现视觉化的效果呢?

文案是广告策略与创意的体现,能更好地体现广告策略的内涵,是消费者记住广告的根基。在现代生活中,为了让消费者更好地理解和接受商品,我们要使一个商品的广告策划通过图文结合的方式展现,使其具备更强的视觉冲击力。下面我们通过实例分析,让同学们能更深刻地了解文案视觉化的作用,以及 FABE 营销法则在文案视觉化中的应用。

活动 1 文案与视觉营销

【小任务】

文案的视觉化对于市场品牌的打造、对于市场销售的渗透有什么作用和意义?为了帮助小明和同学们充分理解,下面我们一起进行学习和分析吧。

【活动指导】

要提高网店里商品的销售量,在设计文案时,我们就要更准确地找出网店的定位和目标消费者的习惯。一个优秀的文案策划不仅仅要做文字功,还要用文字来引导销售。通过精心的策划与设计,让每个文案结合视觉展示图能够促进网店商品的转化率增长。网店中视觉化的图片与文案搭配,能让商品的营销呈现更具多样化,让消费者在网络上能感受到不一样的购物体验,如漫画的幽默、文案的阅读乐趣等。简短而精准的文案与视觉效果强的图片,能让消费者一目了然地了解商品的特性进而购买商品。因此,在电商视觉营销中,图片与文案是相互补充、相互延伸的关系,缺一不可(如图 5.1.1)。

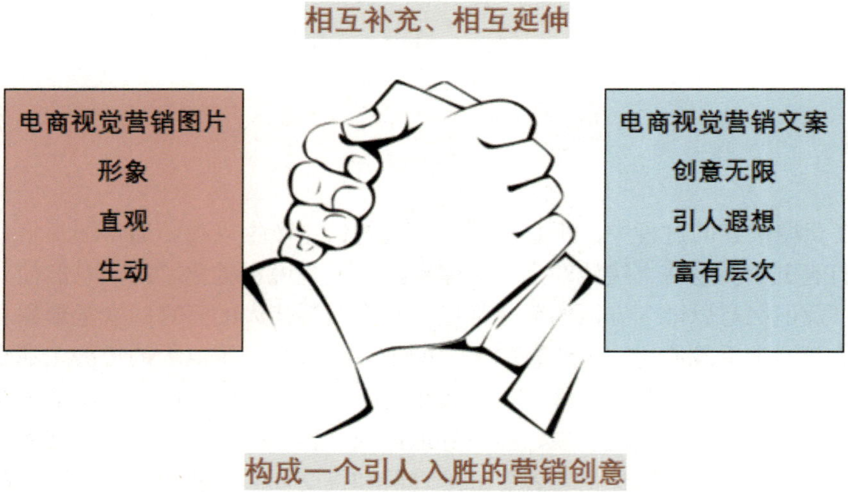

视觉营销

图 5.1.1 电商视觉营销图片与文案的关系

一、电商视觉营销图片与文案的关系

（1）相互补充：电商视觉营销中的图片设计正是因为有了文案的搭配，才使得营销策划的内涵更富有层次和深度；而原本形式单调的文案则因为有了图片才更显得直观、生动。

（2）相互延伸：电商视觉营销图片与创意无限的文案交互，是对彼此的延伸，可以让消费者拓展更广阔的遐想空间，形成更为丰富的商品展示画面。

二、文案在视觉营销中的作用

网店文案的核心思想就是提取商品卖点，从而吸引消费者的注意力，刺激消费者的购买欲望。在网店的视觉营销中，文案基本上有以下三种作用。

1. 强调作用

文案以逻辑通顺、简洁生动的方式表达出商品最核心的部分，告诉消费者商品能给他们带来什么作用与价值，如向消费者传达商品或服务的功能特点、对消费者的承诺及商品优惠等信息，使消费者对商品或服务产生认识、增强记忆，进而产生购买欲望。

任何媒介上的文章都有主标题，有的还会配有副标题。标题是快速准确地表达与概括大篇幅文字内容的方式，一般情况下都会比正文内容的字号大很多，可以起到一定的强调作用。在网店设计中，利益点会以标题的形式出现在首页或者商品详情页中，这种标题常使用对比的方法来突出想要强调的内容。

主标题作为主要的文案信息，要对字体进行放大加粗处理。副标题作为辅助性信息，对主标题进行相应的解释说明，其字号不能超过主标题大小，字体也可与主标题有细微区别（如图 5.1.2）。在标题处使用字体字号对比的手法，可以起到强调主标题的作用，突出利益点或者活动的主题。

第 5 章　文案的视觉化

图 5.1.2　强调作用文案案例

鉴于在制作文案时会遇到字体使用及字体版权的问题，设计者要注意以下两点：
一是在选择文案字体时，尽量不要使用识别度较低、特异性的字体，以免影响消费者观感，无法清晰了解商品的利益点或者活动主题；二是在《中华人民共和国著作权法》的强力实施下，文案字体的选择须慎重，使用免费字体或自己设计的字体不易导致版权纠纷。

2. 描述作用

广告创意是关于广告信息如何表现的抽象概念，广告文案是这一抽象概念的物化具体呈现。停留在广告创作人员头脑中的创意是不可能对受众产生任何作用的，只有通过准确的广告文案和形象直观的画面表现在受众面前，才能将广告的诉求内容生动地传达给受众。而文案通过与多角度、多场景的图片相结合，详细突出商品的卖点，更能够刺激消费者的第一感觉。如图 5.1.3 所示，设计者将 1969 年阿波罗 11 号登月的历史事件用漫画的形式抽象地设计到 iPad 贴膜上，文案中对商品进行解说为该商品注入了历史纪念意义。

在商品详情页设计中，经常会出现针对商品的描述性文案。这部分文案有的是介绍商品卖点，有的是描述商品功能，有的是介绍商品参数和品牌故事。这些文案只要选择大小合适、可读性高的字体和字号就可以，方便消费者在

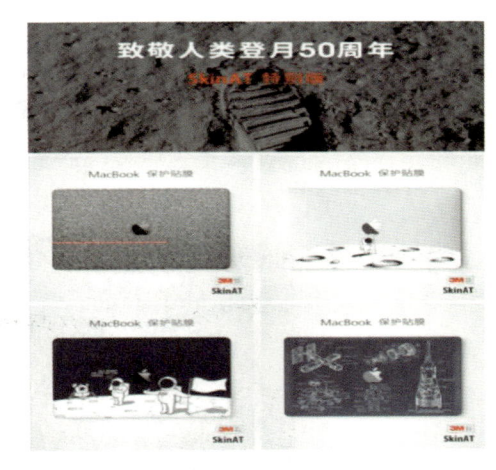

图 5.1.3　iPad 贴膜的文案设计

097

| 视觉营销

购买商品时清晰快速地了解商品的卖点、属性等基本信息（如图 5.1.4）。

图 5.1.4 描述作用文案案例

3. 形象塑造作用

文案通过语言文字赋予商品、服务或品牌等有别于其他同类的独特形象。

在商品详情页设计中，会出现这类文案：它使用频率很高，一般会分为中文和英文两种形式，基本上出现在主标题的下方，也许会出现在角落处。这部分文字起到的就是装饰作用，用于点缀或弥补空白，可提高图片质感等（如图 5.1.5）。

图 5.1.5 形象塑造作用文案案例

第 5 章　文案的视觉化

视觉化文案往往都是"心理专家",通过"文字+图片+色彩"的组合满足消费者的心理需求或心理期望,有助于提升销售量。所以文案的设计要走心,而不是一味地追求文字优美,也不是简简单单地解释商品信息,更不是将无数个促销信息堆积起来。它是以消费者心理、消费者需求、消费者期望为前提,或幽默、或富有诗意、或创意无限地进行商品信息的诠释、促销信息的展现、活动的公布等,是视觉营销中的重要一环。

【活动实施】

想一想：

（1）对以下商品海报进行案例分析,思考不同商品类目的文案视觉化的价值和意义。

案例一：如图 5.1.6 所示。

图 5.1.6　扶贫攻坚专场案例

案例二：如图 5.1.7 所示。

图 5.1.7　化妆品广告案例

视觉营销

案例三：如图 5.1.8 所示。

图 5.1.8 奶粉广告案例

（2）根据上面提到的三个案例分析，观察案例分析表 5.1.1，思考文案撰写要考虑什么因素。

表 5.1.1 案例分析表

案 例	目标消费者	文案撰写的关键词	点评案例
案例一	家庭消费者、餐饮企业等	扶贫攻坚、感恩	将扶贫攻坚商品组成一个销售专场，既符合当下精准扶贫的国策，又体现了贫困户对此表达的感恩之情。在农产品销售时能广泛地调动消费者的帮扶情感
案例二	30 岁至 50 岁的女性	时间、肌肤发光	将商品的功能与消费者的需要紧密结合在一起，激发消费者消费的兴趣和动力
案例三	婴幼儿（父母）	守护、免疫	以提高幼儿身体免疫力为卖点，直击父母消费痛点，诱发消费需求

做一做：

根据本活动所学知识，并结合相关领域的市场特点，完成表 5.1.2。

第 5 章　文案的视觉化

表 5.1.2　文案案例分析

商　品	图　片	商品特性	目标消费者特点	文案内容
大容量电饭锅				功能与情感诉求的结合，文案撰写：
中式服饰				文案与服装风格的结合，文案撰写：
行李箱				文案与商品用途的结合，文案撰写：

【活动评价】

通过以上三个案例分析及三个文案撰写练习，在对商品定位和目标消费者的特点进行解析的基础上，小明和同学们进一步了解了文案视觉化在电子商务市场中的价值和意义。

| 视觉营销

活动 2　文案视觉化的完美设计

【小任务】

广告的核心任务是与消费者产生沟通，通过建立联系，进而使消费者产生情感，通过情感感染消费者、吸引消费者。

在网络零售中，商家可通过图片、文案及视频的表现形式来传播商品的功能、风格及特性。定位准确且富有创意的文案能够增强消费者对商品认知的程度，进而对商品及品牌产生信任。如果商品的视觉呈现不能引起消费者的兴趣，不能起到联系和沟通的作用，那么商家在推广上无论投入多少资金都不会奏效。本活动的小任务，就是帮助小明和同学们掌握 FABE 营销法则在文案设计中的运用。

【活动指导】

一、FABE 营销法则的内容

电商平台上商品详情页的文案要像实体商店中的导购员一样，通过沟通，让消费者对商品产生认知，诱导消费者需求，最终激发其购买的欲望，使其成功下单。FABE 营销法则是在传统的商品推销过程中的一种非常典型的利益推销法，在电子商务中常应用于商品文案设计中。其通过四个关键因素，极为巧妙地处理好消费者关心的问题，对提高转化率起到明显的作用。下面我们就将 FABE 营销法则应用到网店中的商品描述文案中。

（1）F（Features）代表商品特征，即商品的功能、属性、参数、特性等最基本的属性，这是直接体现消费者的基本需求的因素。在电商平台中，商品同质化程度较高，那商家如何让自家商品独树一帜、与众不同呢？唯有深挖消费者的需求差异性，找到自家商品的差异化潜质，努力去找到竞争对手所忽略的特征，才能在同质化竞争中棋高一着，抢占一定的市场空白。例如，在文案中展示商品特征（如图 5.1.9），通过展现奶粉的原料构成，提炼出本商品的特征，也就是卖点——与母乳营养相近，能够给予宝宝母亲最温柔的爱。

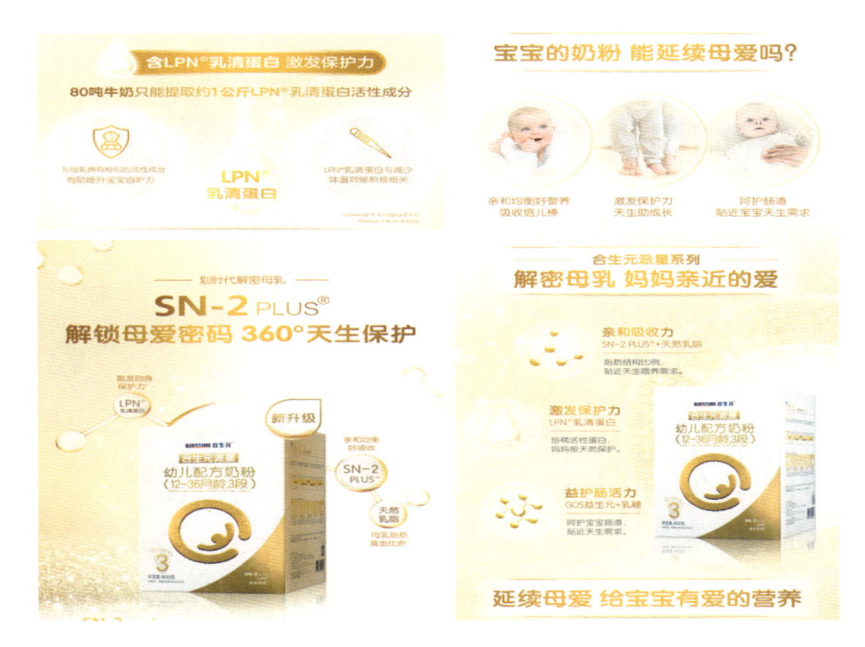

图 5.1.9 文案展示商品特征案例

（2）A（Advantages）代表商品的优势。通过这种营销因素，强调了商品特征究竟发挥了什么功能、效果，与同类商品相比较并列出优势，向消费者阐述购买的理由，激发消费者的潜在需求。如图 5.1.10 所示，文案体现了产品来自天然牧场优质奶源的珍稀性。

图 5.1.10 文案展示商品优势案例

（3）B（Benefits）代表商品的利益点，即它能给消费者带来的好处。商家的营销行为要以消费者利益为中心，通过文案强调消费者购买商品会得到的利益、好处，能直接影响消费者的购买行为（如图 5.1.11）。

| 视觉营销

图 5.1.11 文案展示商品利益点案例

（4）E（Evidence）代表商品证据，包括技术报告、测评视频、买家好评、媒体报道、操作示范等具有足够客观性、权威性、可靠性和可见性的证据。通过这个"证据"，可以直接促进消费者产生最终购买行为。如图 5.1.12 所示文案，通过该眼霜使用不同时长的实验效果来佐证商品的使用效果。

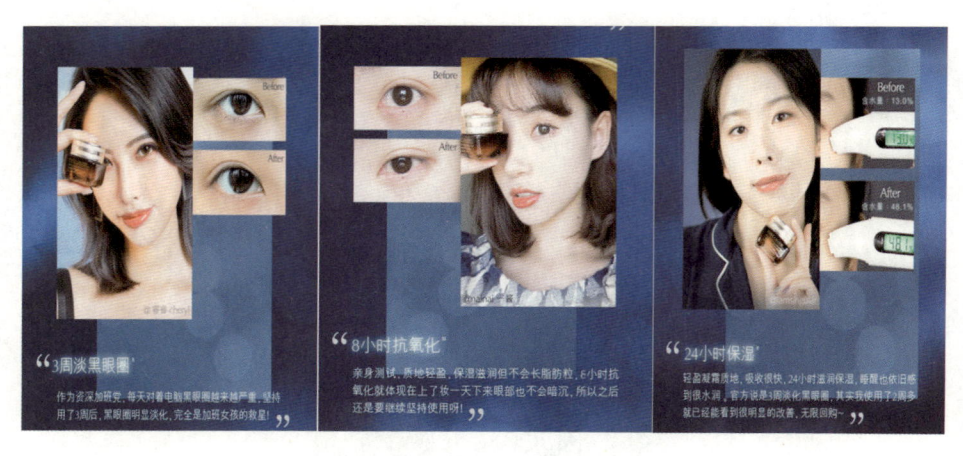

图 5.1.12 文案展示商品证据案例

在进行电商广告文案设计时，商家可以根据商品自身的特点、作用，分析出消费者最感兴趣的商品优势，找到商品优势能带给消费者的利益（或解决消费者的痛点），最后通过权威的"证据"证实。将这些信息全面准确地传递给消费者，消费者能对商品由产生认知、动心，发展至激发需求、产生购买欲望，直到最终下单购买。

第 5 章　文案的视觉化

二、运用 FABE 营销法则的视觉化文案

在电商平台中，我们运用 FABE 营销法则去进行文案视觉化设计时，大多是能够成功进行有效转化的。如图 5.1.13 所示，亚麻中式茶服的视觉化文案就遵循了 FABE 营销法则。

图 5.1.13　遵循 FABE 法则的视觉化文案案例

F：亚麻面料、刺绣装饰元素。

A：透气、柔软、天然、精致耐看。

B：出色的调温功能，穿着舒适，呵护滋养肌肤，使人增添清新、雅致气质。

E：好的用户评价可以证明商品的价值，激发消费者购买商品的欲望。

在电商平台中，服装样式和面料可谓琳琅满目、比比皆是，想要吸引消费者，我们就要先找出商品与同类品相比的一些与众不同的特征。如上例中，亚麻面料和花卉刺绣装饰就是该商品的特征；亚麻面料的优点就是透气、柔软、天然；领口的花卉图案精致耐看。这些优点给消费者带来的好处就是穿着舒适、给肌肤清新的呵护及滋养；而以花卉为灵感的刺绣装饰使穿着者举止间显露清新、雅致的气质；画面中模特温雅的情态让人仿佛也身临秋日的浪漫唯美场景，使消费者产生情感共鸣。

【活动实施】

想一想：

在学习了 FABE 营销法则后，请思考我们要如何更好地在文案设计中运用 FABE 营销法则，如何依据不同商品的特征，设计出更优秀的视觉化文案，实现更有效的商品营销呢？

视觉营销

做一做：

（1）请同学们在电商平台选择并查找知名品牌商品的相关信息，学习它们的文案视觉化设计，并完成表 5.1.3。

表 5.1.3 任务清单

品　　牌	目标消费者	FABE 营销法则
		F:
		A:
		B:
		E:
		F:
		A:
		B:
		E:
		F:
		A:
		B:
		E:
		F:
		A:
		B:
		E:

第 5 章　文案的视觉化

（2）小明在学习了 FABE 营销法则后，接到一份商品推广视觉化文案设计任务（如图 5.1.14），请运用 FABE 营销法则为此商品设计视觉化文案。

图 5.1.14　电热饭盒商品推广

F：_____

A：_____

B：_____

E：_____

视觉化文案：_____

【活动评价】

通过任务的实施，小明和同学们通过查找资料，从商品的特征、优势、利益点和证据等方面，完成了商品文案视觉化的设计，在一定程度上掌握了 FABE 营销法则的内涵及其应用。总之，商家需要用心去体会消费者的想法，通过换位思考，触摸消费者潜在需求，把握消费者的痛点，才可设计出高质量的视觉化文案。

视觉营销

5.2 卖点营销文案

卖点营销文案就是利用商品卖点来吸引消费者的文案，通过竭力突出商品的特色，使目标消费者自行被吸引，进而说服自己购买这个商品。本部分内容中的活动帮助同学们明确商品卖点挖掘的意义、挖掘商品卖点的侧重点，并掌握卖点营销文案的写法。

对于电商平台的销售行为来说，只能通过视觉化的形式向消费者展示商品卖点，如图片、文案、视频等。商家将商品卖点提炼并展示出来，为线上消费者创造虚拟体验感，从而达到打动消费者、诱导消费需求、最终实现商品变现的目的。下面我们将通过案例分析及任务实施，帮助小明和同学们进一步了解卖点营销方案。

活动 1　商品的卖点

【小任务】

小明虚心的学习态度和踏实肯干的工作态度得到老师们的认可，正式加入学校视觉化文案设计的项目团队。近期，推广团队根据合作公司新开发的商品特性，要设计一个视觉化文案。团队经分析，打算以商品的卖点作为主要的营销根据。那么小明应该如何入手呢？

【活动指导】

简单而言，商品卖点就是商品功能点和消费者关注点的结合，是商品价值的体现，是电商商品变现的基石。商品卖点不仅需要满足消费者需要，更要诱发和引导消费者的潜在需求，甚至创造消费者需求。

一、商品卖点挖掘的意义

商品卖点的挖掘是商品核心价值的体现，我们只有深刻了解商品的功能、特性、定位，才能够挖掘并精准展现商品的差异性价值和功用，从而打动消费者，最终使消费者下单。通过商品价值和功效的差异性展示，可以增强消费者对品牌的认知和忠诚度，也更有利于商品品牌的市场传播。

通常在挖掘商品卖点的时候，一定要为商品塑造鲜明的个性，以展示独特的卖点来证实"人无我有，人有我优"。在这个过程中，一方面要了解竞争对手的商品具有哪些特色，另一方面也要调查和研究消费者对商品所提供的核心价值的重视程度。因此，在挖掘商品卖点时，一般会遵循领先原则、差异化原则、创造原则、聚焦原则。"做别人没有的"或在细分类目做出差异，才能抢占市场。如果商品市场处在竞争白热化的状态，可以通过技术微创新的方式与行业中其他竞争商品拉开差异；同时可以将一个核心卖点做到极致，然后通过方方面面的证据去证实它，最终在细分类目中拿到市场份额。

如果有些商品卖点不够鲜明、不够突出，或市场同质化商品太多，就更需要去深入挖掘或创造出属于自己的独有卖点，以区别于竞争商品，如此才能尽快地占领差异化的消费者需求市场，并且在一定的时期内保持独占优势，且创造收益。

二、商品卖点挖掘的侧重点

美国心理学家亚伯拉罕·马斯洛提出了著名的"马斯洛需求层次理论"。他认为人类的需求像阶梯一样，从低到高按层次分为五种，分别是：生理需求、安全需求、社交需求、尊重需求和自我超越需求（如图5.2.1）。这五种需求是层层递进的，拥有不同需求的人数也是逐层减少的。

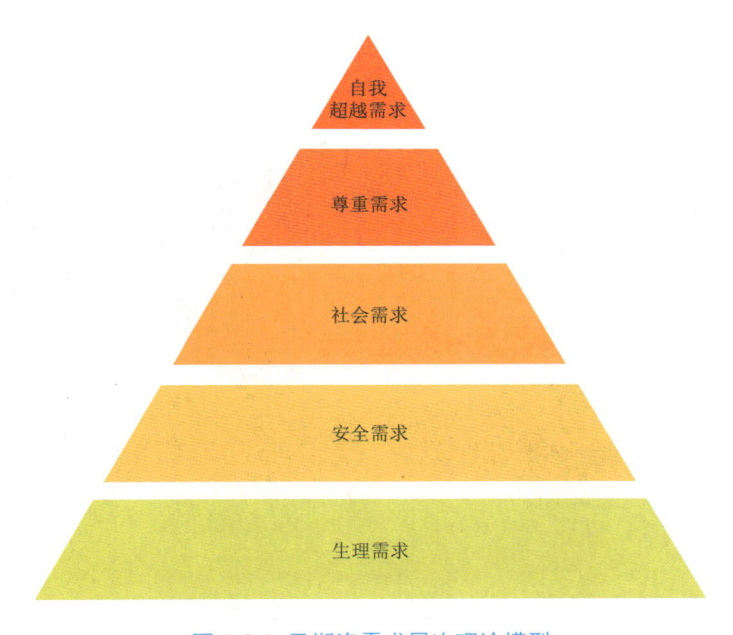

图 5.2.1 马斯洛需求层次理论模型

打造一款深入人心的商品，需要深谙人性，区分清楚消费者的显性需求和隐性需求，让商品植入消费者的灵魂深处。商品卖点挖掘要围绕消费者需求出发，用马斯洛需求层次理论分析消费者需求，站在消费者的角度分析商品，从不同的差异点，去找到消费者需求点的对应处。可以说马斯洛的需求层次理论，为我们对商品卖点的挖掘提供了一条行之有效的渠道。下面从五个方面分析如何进行商品卖点挖掘。

| 视觉营销

1. 商品的外观

在电商平台的视觉设计中，消费者第一眼看到的通常就是展示商品外观的图片，展示包括商品的形状、颜色、外包装、整体风格等外在信息。这些信息作为商品与消费者建立的第一连接，会直接影响消费者对商品的第一感受。第一感受发端于消费者的生理需求，即最基本的需求。通过对其他竞争商品的调查、分析，找出自家的商品外观与其他竞争商品的不同之处，在视觉化文案设计中可以从商品的使用场景和心理情感层面分别着重阐述这个差异点将会给消费者带来的利益及好处。

2. 功能（功效）

商品功能的实用性，是消费者着重关注的卖点。在商品设计开发之初，研发部门就通过市场调研对消费者痛点进行分析，从而确定了商品功能的独特性。在新商品进行市场展示时，要充分展示这种独特的、富有创意的商品的功能能够为消费者带来的实际价值。

3. 工艺

商品的工艺也是影响消费者喜好或者选择的因素。对于一些强调设计性与工艺性的商品，这部分因素的作用尤为明显。例如，将传统工艺、独特工艺、失传工艺、新工艺等作为卖点进行宣传推广，常常能够给消费者提供不一样的使用感受、情感感受。这些都可以作为这类商品的视觉化文案设计方案的加分项。如图 5.2.2、图 5.2.3 中的文案，就是从商品的制作工艺方面的卖点进行了挖掘和设计的。

图 5.2.2 商品的手工工艺卖点挖掘案例[1]

注 1：广告文案标题为"将价值还原给手工，也为银饰赋予灵魂！"。

图 5.2.3 商品的传统工艺卖点挖掘案例

4. 特性

文案在挖掘和展示卖点时尤其需要强调商品的特性，如本商品同竞争商品相比拥有的独特性能、"人无我有、人有我优"的多重特性等，这些是给商品加分的卖点（如图 5.2.4）。

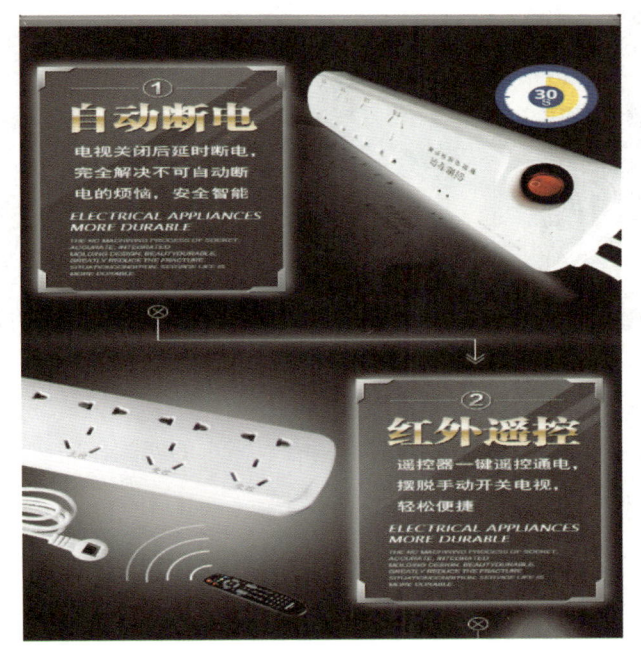

图 5.2.4 商品的差异化性能卖点挖掘案例

| 视觉营销

5. 情感需求

当电商平台上同质化商品出现得越多，消费者就越难做出购买的决定。因此商家在满足消费者对于商品的基础需求的同时，也要设计出满足消费者情感需求的部分。设计出能够适应消费者个性化需求或者由消费者定制化的商品，更易获取消费者的支持和信任。从马斯洛需求层次理论来看，这部分需求侧重于自我实现需求。

总而言之，一个优秀的商品的视觉化文案，一定是深谙人性，并且能够持续增加消费者黏性的方案。

【活动实施】

想一想：

如果文案设计者对商品的特征、目标消费者不熟悉、不了解，那他还能很好地完成这款商品的卖点营销文案设计吗？

做一做：

在学习本节之前，小明的视觉化文案设计团队需要为一款新研发的商品设计卖点营销文案。以下是该商品的相关信息（如图 5.2.5）。请同学们和小明一起完成这次任务吧！

图 5.2.5 恒温自动搅拌杯

请根据该商品的特性、功能，以及其与消费者需求的匹配，完成一份具有情感色彩的商品卖点营销文案设计。

_____

_____

_____

第 5 章 文案的视觉化

_____
_____
_____

【活动评价】

通过任务，让同学们了解并掌握了如何运用马斯洛需求层次理论对消费者需求进行分析，并能根据商品的外观、功能、工艺、特性、情感需求等因素来设计商品卖点营销文案。

活动 2　商品卖点如何写才能吸引消费者

【小任务】

小明实践过一段时间后，能很好地根据商品的特征以及消费者需求来分析商品的卖点。但通过卖点分析做出来的文案总因过于平庸而无法得到组长的认可。那么他应该如何改进才能写出更吸引人的卖点营销文案呢？

【活动指导】

每个商品的卖点营销文案一定要在两句话之内表达清楚，千万不要用过多的文字去诠释卖点，这会让消费者失去阅读的耐心，也就很难产生强烈的购买欲望。总之，要做到用少量的文案直击消费者的内心，让他们无法抗拒购买的欲望。卖点营销文案的主要特征分别有：卖点突出，表达简练，内容紧扣商品。以下是几种卖点营销文案的基本写作思路。

一、打破刻板的固有思维

打破刻板的固有思维，就是不遵循传统固有的想法和做法，运用逆向思维去诠释商品的卖点。如面对实力强劲的竞争对手，可采用避强定位策略，将自己的商品定位于另一部分消费者群中；或强调自己商品在某些特征或属性方面与最强的对手有差异，也许会取得意想不到的营销效果（如图 5.2.6）。

| 视觉营销

抱歉，我们是一款"不够有趣"的APP
但比起消耗时间，我们陪你把握时间

抱歉，我们是一款"不够有趣"的APP
但比起花哨，我们选择实用

抱歉，我们是一款"不够有趣"的APP
但比起抓住您眼球，我们使您专注

抱歉，我们是一款"不够有趣"的APP
但我们承载着8000万用户的知识库

图 5.2.6 逆向思维文案案例

由此可见，按照传统固有思维写出的文案也许可以让消费者很舒适地接收其中的信息，但不会让消费者在万千选择中留下深刻印象。逆向思维往往突破常规，更容易吸引消费者的注意力，也能更准确并直接有效地传递出自己的商品与其他同类商品的不同，从而让消费者在众多的同类商品中识别出自己的商品，促进销售。

2. 设计激励性文案

成功人士的励志故事总是能成为社会关注的热点，人们大都为之而振奋并感动。当我们在设计文案时，可以借助一些激励性文案引发消费者的关注，激起消费者内心的情绪，从而促使其下单（如图 5.2.7）。

西雅健身，改变到蜕变
改变只为更加美好，让改变发生

图 5.2.7 激励性文案案例

3. 善用修辞手法

文案设计者可以运用比喻、夸张、拟人等修辞手法，将商品的特征与另一事物的属性自然地关联起来，打造新颖的视觉效果，博得消费者会心一笑，这也是吸引消费者注意力的一种文案写作手法（如图 5.2.8）。

图 5.2.8 运用修辞手法文案案例

4. 设问式文案引思考

选取人们熟悉的话题进行发问，通过引发大家的思考来激发其对品牌或商品所传递信息的共鸣，也能给人留下深刻的印象。

5. 利用热点话题

在如今这个信息大爆炸的时代，大众热点话题往往是一段时间内大多数人关注的焦点，将卖点文案与当下流行的热点话题通过某些特质相联系，可以凭借对热点话题的关注度吸引消费者的眼球。如图 5.2.9 中，利用一年一度的高考热点事件所设计的宣传文案。

图 5.2.9 利用热点事件文案案例

| 视觉营销

【活动实施】

想一想：

通过向组长讨教，并学习其他优秀的商品卖点营销文案，小明掌握了很多卖点营销文案的写法。于是，组长再次布置了一些商品卖点营销文案设计任务，让小明从实践中成长。小明明白，唯有走心的文案才能吸引消费者。那么，什么才是走心的文案呢？

做一做：

请上电商平台查阅以下商品的卖点营销文案设计（如图 5.2.10），将文案中能打动你的文字摘抄下来，并说明原因。

图 5.2.10 故宫护手霜

116

【活动评价】

走心的文案设计，就是要考虑商品与消费者之间的情感交流，可以表达消费者认同的道德理念、文化背景、价值观；同时也要考虑消费者在购物时对购买环境的品位、气氛以及舒适度的需求。通过分析案例可知，要设计好具有吸引力的视觉化文案，设计者就要不断地提升文化素养，增加阅读量是一个很好的途径。

5.3 痛点营销文案

痛点营销文案在现在电商各大平台中经常可以看到。痛点是指主体想解决而无法解决的问题，具体到市场营销中则是指消费者在消费或体验商品和服务的过程中因原本的需求没有得到满足而造成的心理差距或不满，这种心理差距最终在消费者心智模式中形成负面情绪而爆发，从而让消费者感觉到"痛"。痛点营销就是通过营销者对痛点营销文案的设计让消费者的这种"痛"能够得以安抚，满足其需求。本任务就是帮助同学们明确痛点营销文案在市场推广中的价值和意义，明确痛点挖掘的方向和方法，掌握痛点文案视觉化的设计方法。

对于众多电商新手来说，在进行痛点营销文案设计时，不知道怎样抓住和准确把握消费者的痛点，很多时候都是靠"电光石火"的灵感。下面我们将通过案例分析及任务实施，帮助小明和同学们了解在文案视觉化中商品的目标消费者的痛点是什么，学会如何更准确地抓住和把握消费者的痛点，并设计出优秀的痛点营销文案。

活动 痛点营销文案的设计

【小任务】

小明在不断地学习商品文案设计案例后，发现更多的商品营销文案设计时依据的基本出发点已经从商品卖点的角度转向消费者的痛点角度。而这种痛点营销能更直接地满足消费者的内心需求，能更快速地完成商品转化。因此小明向组长提出，能否让团队带着他一起完成合作公司的一项痛点营销文案的设计任务。

| 视觉营销

📖【活动指导】

一、痛点营销文案设计的基本角度

要设计有效的痛点营销文案,就一定要站在消费者的角度想问题。

首先要让消费者明确自己的需求、关注自己的需求。其文案的设计可基于对比,给目标消费者制造出一种鱼和熊掌不可兼得的感觉,让消费者感觉不购买你的商品和服务就会有种"痛"。可利用消费者的"两难心理"来直戳消费者痛点,例如某酸奶的营销文案中就提到了"饱腹和减肥可以兼得"。

其次要根据商品的特性,罗列出目标消费者有可能会面临的未得到解决的问题,将这些问题的解决方法与商品所能提供给消费者的利益匹配在一起,通过文案的视觉化设计呈现出来。

二、痛点营销文案设计的逻辑思维联想

根据马斯洛的需求层次理论,我们可以从以下三个方面结合商品展开痛点营销文案设计。

(1)生理需求和安全需求是消费者最基本的需求,是推动消费者购买行动的最强大动力。将商品的功能和消费者基本需求结合起来才能让消费者感到安全、舒心。如图 5.3.1 所示,针对 2020 年的新冠疫情,此品牌便当盒有效地将上班一族的午餐问题与安全防疫需求融入文案设计中,在一定程度上暗示并满足了目标消费者的实际需求。

图 5.3.1 加热便当盒

(2)人类最大的情感需求和欲望来自爱情、亲情和友情,也就是社交需求。这种情感上的归属感比生理上的需求相对更感性、细腻。如图 5.3.2 所示,化妆品品牌"Whoo 后"

在 2020 年推出的情人节礼盒套装，充分运用了品牌名称与情人节的节日气氛设计了"一瞬邂'后'一生挚爱"的文案。根据消费者源于社交需要的爱情需求而设计的文案，吸引了消费者的眼球。在接下来在商品详情页中，也分别就消费者存在的痛点针对性地描述了礼盒套装中不同商品的效能，有效激发了消费者的消费欲望。

图 5.3.2 化妆品情人节文案

人们都希望自己有稳定的社会地位，希望个人的能力和成就得到社会的认可，这属于人的尊重需求。当尊重需求得到满足时，人能充满自信，对社会怀以热情，能体验到自己活着的价值和存在的意义，这也是人类重要的幸福感之一。

（3）自我超越需求是人类最高层次的需求，当个人的理想、抱负、能力达到当前最大限度，个人可完成与自己的能力相称的一切事情时，就产生超越自身的更高追求。也就是说，人们希望自己不断得到提高，这样才会使自己得到最大的满足感。这种内心的需求往往就是消费者的痛点，口号式的文案渲染就极大地满足了消费者内心的自我超越需求。根据自我超越需求角度所设计的文案案例如图 5.3.3。

| 视觉营销

图 5.3.3 运动鞋文案

消费者的痛点还可以从其他角度挖掘，前提是设计者一定要充分了解要推广的商品的各项属性、特性。只有这样，才能挖掘到契合商品特质的消费者痛点，真正促进商品的销售。

【活动实施】

想一想：

请在电商平台上收集一款商品的相关资料，思考如何让更多预算有限的目标消费者能注意到这一商品的卖点。

做一做：

请小明和同学们按以上思路完成上面所选择的商品的痛点营销文案的设计。

【活动评价】

通过痛点营销文案设计案例的学习与实践，同学们应该能掌握消费者痛点挖掘的思维逻辑。其实，设计者在分析商品特质后，通过查找消费者客观存在的痛点或挖掘消费者潜在的未满足的痛点后，在文案中充分构建让消费者足够满意的期待点，从而更好地激发消费者购买商品的欲望。

第 5 章　文案的视觉化

5.4　促销营销文案

　　促销是指现代企业通过各种方式将商品信息传达给消费者，引起其兴趣和关注，激发其购买欲望，促使其购买的一种行为。促销活动的实质是一种沟通、说服的活动。而在电商平台中，促销营销文案则成为极为常见的文案形式之一。本任务就是帮助同学们掌握促销营销文案在电商市场推广中该如何设计才能最终实现有效促销的目标。

　　在众多电商平台上，我们可以看到很多的促销营销文案，但能真正产生有效促销效果的却不多。通过本节案例的分析和任务的实施，将帮助小明及同学们明确什么是促销营销文案、促销营销文案的特征，以及让促销营销文案更能打动消费者、更具有带货能力的方法和技巧。

活动　促销营销文案的设计

【小任务】

　　新一季的电商购物节"情人节"即将到来，小明团队也接到了合作公司进行新一波促销活动的推广设计任务。那么在公司确定好促销政策后，小明团队要如何设计促销营销文案才能提高本次促销活动的有效性呢？

【活动指导】

　　在电子商务营销推广中，促销活动是最常见的营销推广方式，常见的促销活动包括有打折、包邮、满减、满赠、优惠券等。通常我们要掌握三个促销要素：价格、限时、限量，这样才能帮助我们完成通用的促销营销文案设计。可是事实证明，通用的促销营销文案往往不能有效地达到促销目的，实现真正的营业推广。下面通过案例分析，帮助同学们掌握如何通过文案视觉化的设计进行有效促销。

　　一、什么是促销营销文案

　　促销营销文案就是将促销活动信息设计成营销文案来吸引消费者。消费者在看到具有引导性的促销营销文案后，消费欲望得到激发从而采取购买行动。

　　下面主要介绍几个促销营销文案设计案例。

视觉营销

首先，看某品牌床上用品新品的促销营销文案（如图 5.4.1），海报图最上方用红色区域突出了"新品 8 折"这一重点促销信息；同时还用主体文案充分描述新品的卖点，让消费者感受到新品的品质及活动的物超所值。

图 5.4.1 床上用品促销营销文案

再看某品牌家电促销营销文案（如图 5.4.2），其将折扣信息直接与社会热点（2020年全国新冠肺炎防疫阻击战）结合起来，且折扣力度较大，排版比较醒目；同时也通过促销时间限制的文字制造了需要抢购的紧张气氛。

图 5.4.2 家电促销营销文案

通过案例分析可知，促销营销文案主要有以下四个特征：
（1）促销信息字眼要醒目突出；
（2）促销信息一定要真实；
（3）促销信息一定要体现物超所值；
（4）促销信息要适时制造紧张气氛，第一时间抓住受众眼球。

另外，促销营销文案还要结合社会热点等来打造新的创意，这样才能在激烈的市场竞争环境下，赢得消费者的青睐。

二、促销营销文案视觉化设计的基本思路

1. 建立需求与促销信息的关联性，激发目标消费者购买兴趣

促销营销文案的目的主要是传递促销信息，快速降低消费者的购物门槛，在一定的时期内刺激销售量。但客观情况是，对促销营销文案感兴趣的消费者屈指可数。这就说明这样的促销营销文案设计是没有效的。有效的促销营销文案应该首先表现出商品能够解决目标消费者在某个生活场景遇到的问题，其次让消费者感知到降价信息，从而促使消费者立刻产生购买动机。因此，建立起目标消费者需求与促销信息的关联性则是提高促销营销文案设计有效性的手段之一。

（1）场景关联。如图 5.4.3 所示耳机的促销营销文案，通过场景的关联设计，将目标消费者快速地带入体验商品的场景中。音质出众的卖点需要和使用场景紧密结合，然后由文案表达出来，这个促销营销文案的设计是有效的。

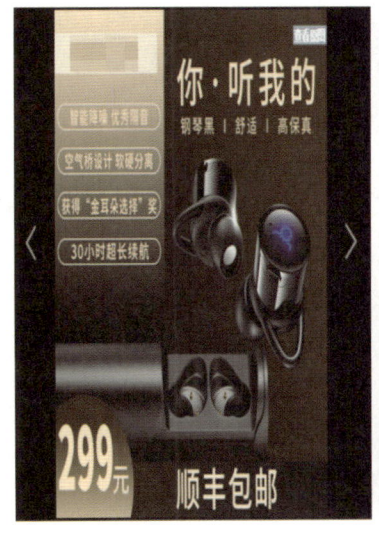

图 5.4.3　场景关联促销营销文案

（2）价格关联。促销营销文案要建立与目标消费者需求的关联性，充分运用促销的价格信息来实现促销目标。如图 5.4.4 所示，某培训课程的招生海报。

视觉营销

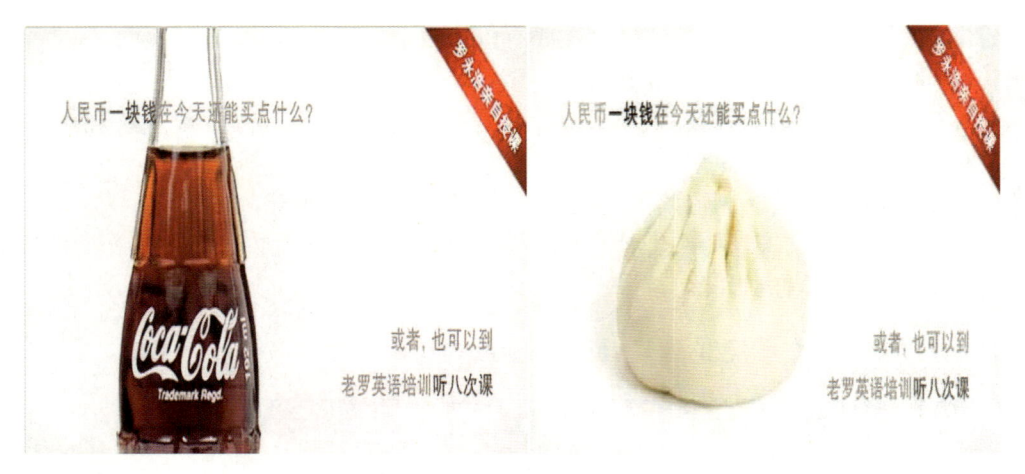

图 5.4.4 价格关联促销营销文案

（3）客户资源关联。充分关联客户资源，调动目标消费者主动争取促销权益的积极性，创造参与感。不管是清仓促销还是借势促销，若类似"满500减300"这样的优惠人人能享，其实是无法真正刺激大众消费者的消费热情的。促销活动设计要对不同层次的消费者有不同的优惠力度，特别针对忠诚消费者有更大的优惠，才能极大地激发目标消费者群的尊享感受，这样与客户资源关联的促销营销文案就更能促使消费者产生购买行动。如图5.4.5所示，针对会员生日、会员积分所设计的促销营销文案是更为有效的。

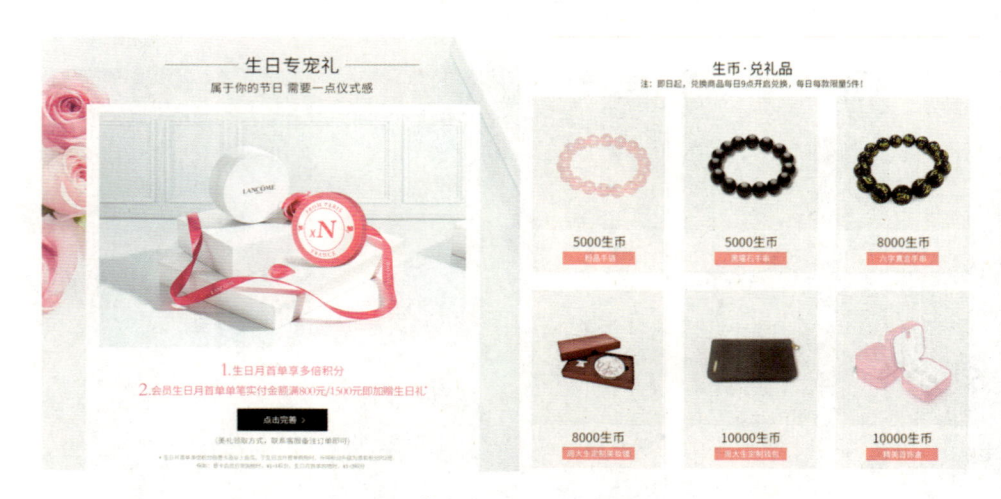

图 5.4.5 客户资源关联促销营销文案

2. 创建商品存货的稀缺性，促使消费者马上下单

有效的促销营销文案，需要给消费者一个立刻行动的理由，这个理由就是"限时""限量"。在众多的电商购物节中，如双十一、双十二、6.18、圣诞节、年货节等节日节点中的活动，就是一种借势营销的促销活动。其通过积累消费者的需求期待，激发消费者的购买兴趣，引导消费者即刻下单。

第 5 章 文案的视觉化

如图 5.4.6、图 5.4.7 所示，淘宝双十二活动，在页面明显位置设置了限时和限量销售的促销营销文案。

图 5.4.6 时间节点限时促销营销文案

图 5.4.7 商品限量促销营销文案

125

视觉营销

【活动实施】

想一想：

促销营销文案除了要从场景、价格、限时、限量等方面进行设计，还要结合创意来打造。面对激烈的市场，商品只有保证质量又有所创新才能赢得消费者的青睐。那么请思考一下，结合特定的节日情人节，我们应该针对什么样的目标人群设计促销营销文案呢？

做一做：

公司将在情人节为其代理的一款巧克力特别策划一个"浪漫结婚季"系列。消费者在2月14日这天下单，可获得"浪漫结婚季"系列商品套盒五折优惠。请运用我们刚才学习的技巧，或采用其他更富有创意的想法，进行巧克力情人节促销营销文案的视觉化设计。

【活动评价】

通过案例分析和促销营销文案设计任务的实施，小明和同学们应该能掌握促销营销文案在电子商务推广中的应用价值，在一定程度上掌握了针对目标消费者的需求进行有效促销的文案视觉化设计方法和技巧。但我们还应该不断扩充自己的知识面，提高自己的文学素养、审美素养和营销能力，这样才能不断提升促销营销文案设计的能力。

5.5 活动营销文案

活动是电商企业做品牌市场推广和市场销售最依赖的营销方式。本节任务就是帮助同学们了解活动营销是什么，掌握活动营销文案视觉化设计的方法和技巧。

在众多的活动营销方案中，促销活动是最常见的。在电商平台中，除各种电商购物节如双十一、双十二、年终大促以外，其他节日如中秋节、父亲节、母亲节、儿童节、情人节等也被平台和商家配合促销活动来营造集中购物的氛围。但有的商家盲目跟风做活动，结果发现市场推广的效果并不好，这是因为这些商家不明确活动的目标和其科学完整的实施过程。

在本节任务中，我们通过案例分析及任务实施，帮助同学们明确活动营销的含义和价值，以及打造活动营销文案的方法，掌握让活动营销文案更具个性、更具良好推广效果的技巧。

第 5 章 文案的视觉化

活动 活动营销文案的设计

【小任务】

为了保持市场的活跃性，针对新一季新品的推出，学校的项目团队拟策划一期新品推广活动。小明和他的团队要根据新品的市场推广方案，完成电商平台上活动页面的活动营销文案视觉化设计。

【活动指导】

活动营销是指商家通过参与一些社会活动或整合有效资源策划的一些大型活动，以迅速提高商家及其品牌的知名度、美誉度和影响力的行为，也是促进商品销售的一种营销方式。可以说，活动营销是围绕活动而展开的营销，以活动为载体，使商家获得品牌的传播或是商品销量的增长。电商平台里的活动营销文案主要指的是网店活动页面的文案。因此在进行活动营销文案视觉化设计之前，我们要弄清楚具体的活动营销文案的定位和内容。

在电商平台上，商家通常在策划活动营销时的不同时期有不同的目的：如提高转化率或加强品牌建设。但通常来讲，活动营销的目的有以下几种。

一、活动营销的目的

1. 吸纳新消费者

对于新网店而言，通过活动的实施可以吸引新消费者入店。而对于老网店，开展活动不仅可以带来新的消费者，还能成为维系老顾客、进行顾客回访互动的好方式。通过活动不断曝光网店，能增加网店消费者的流动率，这对于挖掘和培育新的消费者，促进网店经营的良性循环具有推动作用。

2. 扩大品牌知名度

一个好的活动营销不仅能够吸引消费者的注意力，还能够传递出品牌的核心价值，进而提升品牌的影响力。那么，如何让品牌的核心价值能为消费者所认同呢？关键就在于要将商品品牌的核心价值融入活动营销的主题中，让消费者参与活动时，能水到渠成地受到品牌核心价值的感召，并引起消费者价值观以及内心情感的共鸣，进而不断提升商品品牌的影响力。

就品牌建设而言，在活动过程中的文案并不一定以展示商品或销售商品为主，而主要是对品牌的风格个性、格调，以及品牌的故事等进行设计性地展示和描述。

| 视觉营销

3. 保持网店动态更新

商家通过不定期地开展活动，能时刻保持网店的活跃度，可以说是维系顾客关系的手段之一，有利于顾客对网店保持一定的兴趣和新鲜感，提升顾客参与活动的热情，获得更好的活动营销效果。

4. 清理库存

对于一些季节性商品，商家可以通过反季清仓等促销活动来清理库存，并实现商品的及时更新。

二、活动营销文案的写作方法

1. 打造活动的氛围

在确定活动的目的后，商家要结合活动的利益点，选择匹配的主题和风格对网店进行统一装修，打造活动氛围。活动目标、商品定位与消费者需求共同决定了活动的主题风格。

2. 营造活动的紧迫感

活动的本质是在平台的协议下，以限定的时间、数量吸引消费者大量集中进行购买的行为。因此，活动营销更加强调时间的紧迫性，限时、限量、限定赠品、限定免邮等方式都有利于营造活动的紧迫感。

下面就来看一则活动营销文案：图 5.5.1 所示为丸美官方活动文案。此次促销活动文案设计也是在2020年年初新冠肺炎疫情严重的情况下所策划的。"万众一心，丸美在行动"，这个活动营销文案在这个特殊时期，给予消费者力量，并通过"抢限时买一送一"来营造紧迫感。此活动营销文案通过情感的交互结合促销力度，进一步提升了品牌影响力。

图 5.5.1 丸美活动营销文案

第 5 章 文案的视觉化

【活动实施】

想一想：

请在电商平台上选择一款商品，分析其目标消费者人群，并分析其文案的视觉化设计。

做一做：

小明团队要根据以上商品的市场推广方案，丰富并完成其电商平台上活动页面的活动营销文案视觉化设计。若你也是团队一员，你该从何做起？

【活动评价】

通过案例分析和活动营销文案设计任务的实施，小明和同学们掌握了活动营销文案在电商平台推广中的应用。通过了解不同活动的目的，从而设计出与商品定位、消费者需求相匹配的活动营销文案。

【任务回顾】

本章我们通过案例分析及任务实施，学习了文案在电商视觉营销中的运用技巧，学习和掌握了运用 FABE 营销法则设计营销文案，并通过完成卖点营销文案、痛点营销文案、促销营销文案、活动营销文案的视觉化设计，掌握了几种常见的文案营销设计方式。在后面的学习中，同学们更要加强实践操作，多研究一些优秀的电商文案视觉化案例，从中汲取精华，不断提升自己营销文案视觉化的设计能力。

第 6 章
PC 端网店视觉装修设计

在当下信息爆炸、阅读碎片化的时代，商家只有让消费者在搜索和浏览的最短时间内快速获取那些感兴趣又可理解的有用信息，才有可能达到营销目的。美国形象大师罗伯特·庞德有一句名言：这是一个两分钟的世界，你只有一分钟展示给人们，另一分钟让他们喜欢你。因此，一个网店的装修设计对于形象展示来说至关重要。

本章将介绍 PC 端网店装修的重要组成部分，通过实例，介绍商品主图、商品海报与活动海报、商品详情页的设计理念和技巧，以及其制作的详细流程，完成 PC 端网店的视觉装修设计。

| 视觉营销

学习目标

通过本章的学习和实践，你应该能够：

（1）了解网店商品主图的引流作用，设计出网店需要的商品主图；

（2）了解色彩与构图的展示，并独立完成准确展示商品卖点的商品海报和活动海报的设计，以及商品详情页的设计；

（3）提高网店装修设计的审美意识，培养网店装修的设计能力。

【任务导入】

小慧是某中职学校电子商务专业二年级的学生，已经学习了 Photoshop 软件使用、网店美工等专业核心技能课，对网店装修也比较感兴趣。小慧平时除了在课堂上跟随老师学习，课余时间还会常常浏览淘宝、天猫、京东等电商网站，观察销量高的网店的装修设计，提高网店视觉装修的审美意识。今年，学校组织了校企合作的社会实践双创项目，小慧和另外 4 个同学组成一个团队，接受了××公司旗下美妆网店的装修设计工作任务。

××公司是国内一家年轻的美妆公司，主营口红、粉底液等美妆商品，主要消费群体是 18～35 岁的年轻女性，主打时尚浪漫、年轻活力的品牌形象。由于公司刚刚开始打造线上渠道，××公司希望小慧团队能为官方网店完成既符合品牌形象又能吸引流量的网店装修设计。经过与合作公司细致的沟通，以及对公司美妆产品的调查研究，小慧团队发现，该公司的网店已经初步搭建起来，拍摄了大量的商品图片，并且设计了标志和店招（网店的招牌），但是商品海报和商品详情页没有制作，也没有相应节庆或主题的活动海报展示。

如果你是小慧团队的成员，接下来，你们应该怎么做呢？

【任务解析】

网店的装修设计在很大程度上影响了一家网店的销售能力。通过网店整体的色彩、构图、风格展示，可以提高消费者的视觉兴趣。形象的、高辨识度的

第6章　PC端网店视觉装修设计

网店形象更加易于消费者记忆与传播。

通过装修设计，在网店中形成完整有效的商品视觉营销框架，满足受众目标群体的线上视觉体验需求，形成易于传播的且具有影响力的品牌符号。在××公司的美妆商品中，面膜、口红、BB霜、眉笔等是热销单品。该类商品体积较小，颜色鲜明，功能区分明确，商品属性具有明显特征。这就需要设计者精心挑选图片素材，基于商品的外观、颜色、属性等内容去展示，并辅以相近色系的背景和新颖的构图。从海报到商品详情页，都要保持设计风格、配色方案、素材规范的高度统一，形成独特鲜明的网店形象。

小慧团队的任务是完成网店的装修设计，主要有：

（1）商品主图设计；
（2）商品海报设计；
（3）活动海报设计；
（4）商品详情页设计。

6.1　商品主图设计

活动1　了解商品主图

【小任务】

商品主图是吸引消费者进入商品页面的主入口，也就是说，商品主图的展示位置就是搜索流量的主要入口，也是影响网店访客浏览量和跳转率的重要因素。天猫、淘宝、京东等各大电商平台对商品主图的要求比较严格，商品主图违规的商品会面临被直接下架的风险。因此商品主图的制作不仅要遵守平台的规范，还要抓住访客的注意力，引导其进店或下单。本活动的小任务，就是帮助小慧团队针对××公司美妆商品进行消费者需求分析以及竞争商品调研，确定引流方向，为下一步的商品主图设计做好知识储备。

| 视觉营销

【活动指导】

一、商品主图的展示逻辑

在电商平台上，每一款商品基本上都有 5～10 个商品主图位置用于展示商品（如图 6.1.1）。许多消费者，尤其是通过搜索关键词进入网店的消费者，通常看完商品主图后就有可能决定是否下单，所以商家应该利用好商品主图展位，让每张图都各司其职、言之有物。

图 6.1.1 在淘宝平台上的商品主图展示位案例

商品主图是商品卖点的精华浓缩。不同品类的商品，消费者关注的卖点不同，因此网店装修设计者要根据商品特性，调整商品主图展示的卖点和顺序。一般情况下，商品主图常用的视觉卖点包括品牌、包装、商品属性、材质、用法、色彩、款式、配件、优惠信息、赠品等。不同的商家根据自身商品的优势不同，展示的卖点优先级也不一样。

二、商品主图的引流作用

现在网购消费者的购买行为特点是浏览耐心差、购物时间短、注重商品展示与评价、决策速度快。根据数据分析显示，PC端网购用户在商品主图页面停留的时间大概在10~20秒之间，商家必须在这一短暂的时间里让消费者看到他感兴趣的内容。访客点击量通常能在一定程度上说明商品主图的引流作用。

消费者在输入关键词搜索后，不管是从PC端电商平台首页商品导购页面，还是从移动端电商平台搜索结果页面，都是通过商品主图对商品有了第一印象。商品主图中的首图是流量的第一入口，也是商品给消费者的第一印象，因此做好商品首图是商家引流的重中之重。在观察导购页面时我们可以发现，点击率高的商品首图中包含了商品展示、广告标语、价格标签、商品属性等信息。尤其是美妆商品类目，更是在首图中突出了其品牌形象。而点击率较低的商品首图中，除了受品牌传播差的影响，大多采用无背景设计，略显单调空洞，卖点展示少，浏览量少，点击率就更少了。

商品主图对于消费者是否点击网店商品有重要引流作用，所以商家需要精心设计制作商品主图，使其能较好地反映该商品的功能特点，对消费者产生较强的吸引力。另外，设计者要保证图片有较高的清晰度，图文结合的图片，才有利于促进点击完成转化。

三、市场调查分析

随着时代的发展，人们消费理念转型升级，网络购物不再是仅仅为满足刚需，更多是消费者提升生活品质等高层次的需求。

1. 消费动机分析

通过消费者心理分析得知，不同年龄层次、不同消费水平、不同思维习惯的消费者购买行为完全不同。美妆商品的目标受众大多数是18~35岁的年轻女性，由于年龄跨度较大，其职业和消费能力的差异较大：有些消费者属于主动型消费，商品选择自由度大，更加注重品牌形象和品质特点，倾向精神消费；有些消费者则是被动型消费，通常购买满足日常生活需要的刚需商品，以物质需求为出发点。消费动机不同，消费的路径也不同。因此，商家在制定营销策略时应更注重网店整体的视觉感受，进行商品定位、卖点分析、品质展示，既能够满足消费者的真正需求，又能正对消费者的购买心理，在信息传达中保证消费动机的持续性。

2. 消费者需求分析

影响消费者消费的最本质的因素是商品的性能和价格，这两个因素在消费者行为中可以对应为"需求"和"心理"两个方面，同时也是理性分析和感性冲动的矛盾结合体。商家进行准确的消费者需求分析有助于对消费者行为进行有效引导和催化。

在大数据时代，商家可以通过商品和消费者的相关信息描述来进行数据建模，从而获得相对全面准确的商品画像和消费者画像。对于美妆商品类目的商品，根据消费者日常行

| 视觉营销

为分析就能够进行目标群体的痛点提取,进而生成卖点。

通过消费者动机和心理的具体分析(如表6.1.1),可进一步完成消费者需求分析的探讨。商家可以在制定营销策略时更加清晰地面对消费者,结合自家商品的性能与特点,进行目的明确的视觉营销。

表 6.1.1 常见的美妆商品目标群体的消费需求分析

消费心理	消费动机	消费需求	案例	解析
从众心理	口碑传播	从众	××粉底液采用"明星+网红"的口碑式广告,着重说明"双十一当天爆卖12W支",引发消费者传播和购买	消费者相信被大众所选择的商品通常有好品质
价值心理	价格与价值	性能	××××粉底液以"24小时真正持妆""油皮亲妈"等广告语向消费者展示该商品具有不可替代、优于其他的价值	体现出相比其他同类商品有更大的价值
标准心理	社会俗成	社会化	×××粉底液以"陪你走上职场第一步",展现在人生的新阶段如面试、日常工作等场合应该拥有新面貌的情景而促进消费者购买	宣传内容符合某种社会群体共同遵守的标准
习惯心理	习惯	个人喜好	×××品牌从护肤品行业起步到开发美妆商品,利用几十年的品牌形象培养目标消费者的生活方式和消费习惯	消费者长期养成的不容易因外部环境而改变的行为习惯
猎奇心理	好奇	尝试	美妆达人针对各大品牌的粉底液进行透气性试用和妆容挑战,引发消费者的好奇心和同理心	消费者受对陌生商品的好奇驱动,常见于粉丝经济
优越感心理	优越感	身份象征	×××以"360°立体超感光科技"打造品牌形象,让品牌成为消费者表达身份象征的有效"武器"	通过价格、品牌等因素塑造消费者的高端形象,彰显消费者生活品位和社会地位

3. 竞争商品需求因素调研

根据消费者的消费动机分析和需求分析得知,同类商品的不同功能满足了不同消费者的多种需求。商品主图作为引流第一步,是网店营销力和商品竞争力的展现,是消费者视觉体验的核心环节。因此,在网店装修设计前,需要针对同价位和同功能的竞争商品的商品主图展示进行调研。在规范的实际调研工作中,采样商品数量应达到不同厂家数十种以上;还应采用其他途径和方法来进行深度调研,以确保调研结果的科学性。

第 6 章　PC 端网店视觉装修设计

在美妆商品类目中，商品的价格呈现阶梯式分层。受品牌形象的影响，知名品牌的美妆商品价格相差不大，复购率不会因网店装修而出现较大波动，因此在本次的竞争商品调研中，主要以平价商品为主。

在表 6.1.2 中可见，美妆商品粉底液的性能和色号信息是其视觉营销中表达的必要信息，促销信息和效果对比是满足消费者心理的重要信息。设计者可以从竞争网店和竞争商品对消费者的需求关注中找到差异点，制作出图文并茂的视觉商品主图来传递商品信息。

表 6.1.2　竞争商品主图调研分析（以粉底液为例）

调研对象	某品牌粉底液	同价位竞争商品	同功能竞争商品
商品关键词	冰肌粉底液、滋润、干皮亲妈、不脱妆、遮瑕、持久、轻薄、无瑕、女学生	大咖粉底液、干皮、养肤、遮瑕霜、奶油肌、保湿控油、持久轻润、学生、正品	干皮、油皮亲妈、持久、水润保湿、BB 遮瑕、女学生、平价
商品主图视觉营销影响因素	1. 商品展示：商品外观、"轻妆上阵""干皮亲妈"字眼加重，重点展示商品全貌	1. 促销信息：领券减 10 元	1. 促销信息：活动价 79 元，送美妆蛋＋试用装
	2. 促销信息：活动价 119 元，满 139 元减 10 元、赠品送两只美妆蛋，重点展示优惠信息	2. 性能展示：熬夜救星，唤醒肌肤，干皮/混干皮挚爱，水润服帖	2. 性能展示：模特脸部妆容展示，配文"轻透水润，自然裸肌，持久在线"
	3. 性能展示：颠覆传统粉底液印象，超遮瑕、超持妆、超轻薄，重点描绘商品性能	3. 色号选择：三款专属色号，定制大咖妆	3. 色号选择：两种肤质随肌任选，干皮/油皮救星
	4. 色号选择：白皙肤色、自然肤色、健康肤色等对应色号，提供多样选择	4. 成分展示：小果咖啡籽、积雪草提取	4. 效果对比：真人试用前后对比图，展示妆效
	5. 明星效应：商品代言人海报，重点吸引粉丝	5. 广告语展示："熬夜肌救星，醒肤不暗沉"	5. 测评展示：美妆达人测评与见证，实名推荐

【活动实施】

想一想：

美妆商品是现代女性几乎人人必备的日常消耗品，市面上各种各样的美妆产品品牌众

视觉营销

多，价格和性能不一，同类竞争商品多，需求量大。请想一想以下问题：

（1）你了解的美妆商品有哪些？

（2）你认为在什么场合必须化妆？

（3）男生化妆大概需要哪些美妆商品？

（4）你在购买美妆商品时最看重的条件是什么？

做一做：

（1）假如你是学生小慧，要为社会实践的面试做准备，需要打造一个简单清新的妆容，根据你对美妆商品的认知，自行调查分析，完整补充表 6.1.3。

（2）在淘宝网上查找 2020 年粉底液销量最高的前 3 家网店，重点查看其用户好评，从中筛选出高频关键词，并完整补充表 6.1.4。

（3）以口红为例，对其竞争商品主图进行调研，并完整补充表 6.1.5。

表 6.1.3 清新妆容美妆商品推荐

序 号	使用商品	店 铺	价 格	选择原因
1	高光			
2	遮瑕笔			
3	粉底液			
4	眉笔			
5	眼线笔			
6	眼影			
7	腮红			
8	口红			
9	其他			

表 6.1.4 粉底液高销量网店用户好评高频关键词分析

品　　牌				
商品名称				
销　　量				
价　　格				
用户好评高频关键词	关键词 1			
	出现次数			
	关键词 2			
	出现次数			
	关键词 3			
	出现次数			
	关键词 4			
	出现次数			

表 6.1.5 竞争商品主图调研分析（以口红为例）

调研对象	某品牌口红	同价位竞争商品	同功能竞争商品
商品关键词			
商品首图视觉营销影响因素			

| 视觉营销

【活动评价】

通过活动实施，小慧团队完成了消费者需求分析和竞争商品主图调研的小任务，明白了在制作优质的商品主图之前，要对商品进行细致的分析，明确了对消费者进行需求分析的重要性和商品主图引流方向，为下一步完成优质商品主图的制作做好了准备。

活动2　设计优质商品主图

【小任务】

商品主图是商品卖点与消费者痛点的浓缩体现，商家根据商品特征和消费者需求进行展示，以吸引消费者的眼球，提高点击量和转化率。一般情况下常见的商品各主图均有各自的展示重点，包含了品牌符号、商品性能、商品品质、促销信息、使用场景、效果对比等内容，每张商品主图都可以有独立的表达主题，相互促进销售。本活动的小任务，就是帮助小慧团队针对美妆商品（以粉底液为例）进行优质的商品主图设计。

【活动指导】

一、商品主图的视觉功能

从2017年起，淘宝平台在商品主图展示位上增设了视频的动态展示，使商家能够进行更丰富的商品动态信息展示。商品主图在如图6.1.2所示消费者行为触发流程中的"产生动机"一环中起到广告的作用，广告的功能是尽可能完整和精准地展示商品信息，其任务是引发消费者点击。

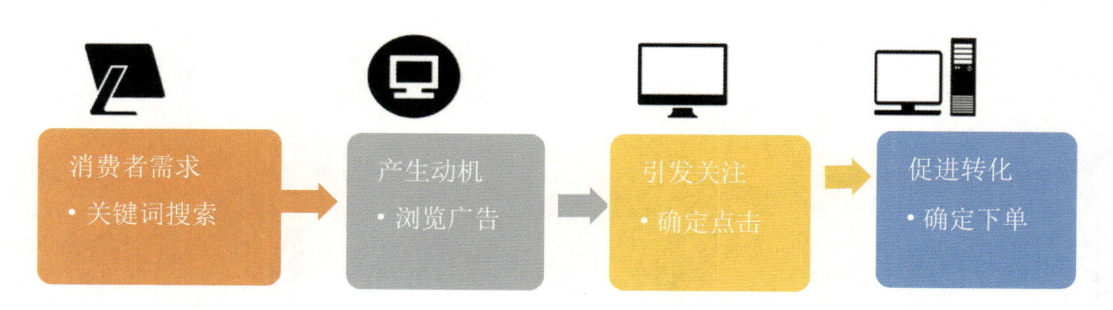

图 6.1.2　消费者行为触发流程

由于信息分层的需要,商品的基本类型有商品展示图、商品功能图、商品品质图、促销信息图、使用场景图和效果对比图等。商家可以根据商品的特点和消费者需求,进行差异化视觉展示,按照一定的优先级将内容在5张商品主图中分别呈现。商品主图都有各自独特的作用,商品首图主要是负责引流,把浏览页面的消费者吸引到自己的网店里;商品功能图、商品品质图负责引导销售,主要进行商品的卖点描述;促销信息图主要负责展示促销活动,一般会结合电商平台的活动来设置各种促销信息;使用场景图可利用明星效应使消费者产生代入感(如表6.1.6)。

表 6.1.6 常见商品主图视觉功能与策划方案

展示位	类 型	功 能	策划方案
首图	商品展示图	点击率的关键;与竞争商品直接进行流量争夺	展示品牌、口碑、销量
2图	商品功能图	商品卖点描述,解决消费者痛点	重视文案的力量,精确、创新,图文并茂
3图	商品品质图		从商品本身出发,提供多重选择,打造商品丰富性
4图	促销信息图		展示促销信息:价格、赠品
5图	使用场景图	强劲的视觉冲击力引发消费者代入式商品体验	展示效果对比,利用明星效应,提取用户好评

在电商平台中,销售美妆商品的网店数量众多,市场大,竞争也大。在电商平台搜索"粉底液"后,我们随机点击几款商品的商品主图进行观察。

如图6.1.3所示,5张商品主图色彩和谐、构图合理,体现了商品品牌的活力,容易给消费者带来温馨平和的视觉感受。商品主图分别呈现了品牌符号、促销信息、色号选择、使用场景、官方认证等内容,在文案上采用了"双十一当天爆卖12W+""网红粉底液"等吸睛字眼,配合大礼包赠送,对消费者来说非常有吸引力。尤其是选色坐标这一亮点,采用坐标轴的形式展示,使得消费者可以在肌肤色调和粉底色度之间更准确便捷地定位到心仪的商品,引发转化。

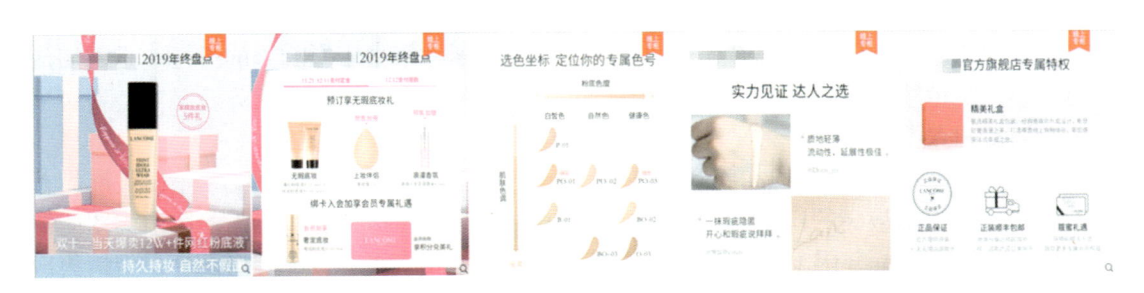

图 6.1.3 "××新持妆粉底液"系列商品主图

视觉营销

如图 6.1.4 所示，5 张商品主图均采用灰度较低的背景颜色，给人干净整洁的视觉感受。该网店更倾向"为已分类的目标人群服务"的态度，在文案上，以"隐形毛孔""为亚洲肌肤设计""遮瑕配方"等字眼，吸引该类消费人群点击。促销信息、色号选择、商品功能均有展示，但是略为平淡。第 5 张商品主图放置的按压头说明完全可以放在商品详情页中，有拼凑之感，显然浪费了一张商品主图。

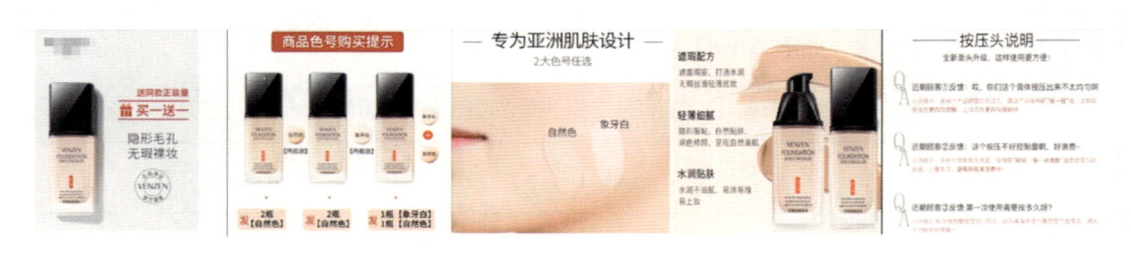

图 6.1.4 "×××粉底液"系列商品主图

如图 6.1.5 所示，该商品主图色彩采用了暗红色、灰色、白色、蓝色等，看起来不够和谐统一；文案简单，首图仅以"专业医生推荐"为主标题，打造的"专业'抗敏感'底妆"未能有证据材料文案呈现；尤其是第 2 张商品主图中，仅放置商品主体，其他均为空白，在没有足够的品牌影响力支撑的情况下这种做法不够有商品质量上的说服力。在随机观察的三组商品主图商品中，本组商品的销量最低，在一定程度上说明了其商品主图没有充分发挥好引流作用。

图 6.1.5 "××粉底液"系列商品主图

二、商品主图的基本设计原则

商品主图的目标任务是获得点击率，点击率是判断一家网店影响力的指标，是网店流量的大小，是后续的转化率和成交量的基础。因此，商品主图的根本任务就是对消费者进行视觉捕捉和点击引导。

如图 6.1.6 所示，同样的品牌和商品，价格相当，但是销量却相差较大。仅从商品首图中可以看出销量最高的应该是左 3。该商品主图的首图色彩鲜艳不突兀，居中构图能够直观呈现商品主体，并附上了促销信息，在文案的字体和样式上做了恰当设计，借销售成绩来宣传商品，能够吸引消费者进行点击查看。而左 1 的商品主图则是空白背景，单纯呈现商品主体。××牌是保温杯类目中著名的品牌，如果放在同功能竞争商品中也许会有品牌的影响力。但是此处搜索的关键词是"××牌保温杯"，在相同品牌的不同商家中，这张商品主图做得不够用心，显然无法抓住消费者的目光。

图 6.1.6 在电商平台上搜索"××牌保温杯"后出现的导购页面

由此看出，高销量背后是高点击率，高点击率的商品主图通常都有强劲的视觉冲击力。在设计优质的商品主图时，可以参考以下商品主图设计基本原则（如表 6.1.7）。

表 6.1.7 商品主图设计基本原则

	基本原则	说　　明
建议采用	优选素材	优先采用构图合理、造型摆放有层次感、色彩搭配和谐的图片素材，保证优质商品主图的素材质量
	主体优先	标准化的优质商品主图要突出主体商品，使画面具有立体感，重视整体效果
	视觉冲击	要将构图、色彩、文字等元素进行合理搭配，同一商品的商品主图应确立同一个色系和主题，再在内容上进行细分工
	卖点诉求	这是最重要的部分，直观明了的卖点诉求应响应消费者痛点，才能激发消费者点击欲望。可以用关键词点亮整张图片，在首图上展现商品的核心卖点，增加价值和信息传递
	差异化	充分考虑消费者需求的差异、目标消费人群的差异，以及与同类竞争商品的差异，寻找自身亮点，帮助商品从外部展示中凸显自身优势
	场景呈现	展示商品使用情况，用效果展示、明星代言等内容增强消费者代入感
	促销信息	价格是消费者最关注的内容之一，应有重点地展示降价、满减、满送、折扣、赠品等促销信息

视觉营销

（续表）

基本原则		说　　明
建议避免	多此一举	为了顺应部分人群的视觉喜好，刻意为商品主图加上衬托内容，与商品没有相关性，显得画面突兀多余。如使用表情包、鲜艳背景等
		解决办法：响应主题，"主体优先"原则
	过分填充	为了展示尽可能多的信息，将文字和商品形象进行堆砌，造成信息点模糊，内容繁杂，缺乏吸引力。占满商品主图画面没有视觉留白
		解决办法：力求简单直观，"卖点诉求"原则
	故弄玄虚	为了追求差异化，展示独特设计，但不切实际，使消费者无法理解和读取信息。文案、信息与商品不相关
		解决办法：顺应消费者需求，实事求是，"差异化"原则

在遵循商品主图设计原则的基础上，设计者应该在商品主图中侧重展示商品的特点和风格，不需要生搬硬套，只有最适合商品的，才是最好的。例如在美妆商品——粉底液中，消费者痛点是有肤质不佳、肤色暗沉、有斑点等皮肤问题，那么就要针对消费者需求进行核心卖点描述，如表6.1.8所示。

表6.1.8　以粉底液为例的系列商品主图策划方案

展示位	案　　例	策划方案
商品主图1：突出商品主体、促销信息和优惠价格		主体信息：品牌信息、商品整体外观、促销信息、优惠价格 配色：商品色为主体色，白色背景，黑色边框反衬，凸显主体 构图：左图右文，左右平衡结构 文案：突出促销信息，字体差异化，字号大小根据信息层次进行区分 场景：无 整体效果：主体突出，主次分明，信息分层显示，促销信息直观明确

第 6 章　PC 端网店视觉装修设计

（续表）

展示位	案　例	策划方案
商品主图 2：突出商品功能	熬夜救星　唤醒肌肤 1 干皮/混干皮挚爱 2 水润服帖　奶油美肌 3 提亮肤色　自然遮瑕	主体信息：商品整体外观，强调核心卖点和消费者痛点信息 配色：商品色为主体色，相近色系为背景颜色，条纹散光，营造温馨、高级感 构图：左图右文，左右平衡结构 文案：点明主题，圈入目标人群，说明商品功能和使用效果 场景：无 整体效果：主体突出，主次分明，信息全面
商品主图 3：突出商品多样性	选色坐标　定位你的专属色号 粉底色度 白皙色　自然色　健康色 P-01　PO-01　PO-02　PO-03　B-01　BO-02　BO-03　O-03	主体信息：展示选色坐标，快速定位，强调核心卖点和消费者痛点信息 配色：商品色为主体色，白色背景，更加突出色号，便于消费者选择 构图：居中构图 文案：点明主题，明确细分商品目标人群，说明商品功效和使用效果，为消费者提供更合适的选择 场景：坐标轴形式，创新亮眼，方便消费者对号入座 整体效果：细致全面，一目了然
商品主图 4：突出产品品质	活力醒肤　立体紧颜 小果咖啡籽 积雪草	主体信息：展示商品原料，彰显天然 配色：采用白色背景，植物图片与商品主体相近色，突出重点 构图：左右对称构图 文案：点明主题，简明清晰 场景：无 整体效果：展示安全可靠的商品品质，体现与竞争商品的差异，吸引点击

视觉营销

(续表)

展示位	样 例	策划方案
商品主图5：突出商品使用效果对比	(达人测评 实力见证 / 8小时不脱妆 性价比之王 / 贴合肌肤 自然不假面)	主体信息：展示美妆达人对商品的试用和测评，现身说法，增强代入感 配色：采用灰色背景，使得模特面部妆感更突出，体现遮瑕效果 构图：左右对称构图 文案：点明主题，重点展示大众适合的色号，语气自然亲切，具有说服力，增加消费者好感和好评 场景：图文混排，以模特为视觉出发点，面部识别突出 整体效果：用权威测评展现商品使用效果，使用分享更有说服力，吸引点击

【活动实施】

想一想：

本活动的小任务是设计优质的商品主图。小慧团队的项目对象是美妆商品，市面上的知名美妆品牌较多，各大公司旗下的网购平台旗舰店销量也很高，××公司如何抢占一席之地，这就需要在网店装修上做到"人无我有，人有我优，人优我特"。因此小慧团队制作商品主图的方向是形成差异化。但是为了达到"高点击率"这一任务目标，请先思考以下问题：

（1）美妆商品主图的设计能不能借鉴其他类目的商品主图设计经验？为什么？

（2）美妆商品一般体积较小，是否可以在商品主图中放置参照物？为什么？

（3）商品主图能不能做成固定模板，直接套用到其他同类商品中？

（4）商品主图和商品海报能不能相同？

做一做：

作为小慧团队中的一员，请你针对××公司的美妆商品，设计出5张系列商品主图，并与团队成员互相交流评价。

【活动评价】

通过活动实施，小慧团队完成了设计优质商品主图的任务，遵循商品主图设计的基本原则，并结合本店商品的特点和优势，制作出了优质的商品主图，并通过了××公司相关负责人的验收。

第6章 PC端网店视觉装修设计

6.2 商品海报设计

活动1 商品海报视觉分析

一般情况下，海报用于宣传商品和活动。打开电商网站首页，在首要位置放置的轮播图用于呈现优质商家的商品和促销活动；打开某家网店的首页，也会有主推商品和促销活动的轮播图展现。网店这一黄金展位的海报一般分为商品海报和活动海报两大类型。本部分内容主要介绍商品海报设计。

【小任务】

商品海报可以用单图，也可以采用轮播图。优秀的海报可以引入非常多的流量，加强消费者对网店的初始印象，直接体现了网店的风格和审美水平。小慧团队要完成××公司上架商品的海报，应该先结合所学知识，系统地整理商品海报设计与制作的规范和标准，然后再有针对性地进行制作。本活动的小任务，是要系统了解商品海报的视觉标准，为下一步的设计做好知识储备。

【活动指导】

一、商品海报的卖点展示

电商平台上的消费者的审美能力呈金字塔分布，商品的海报设计也要在大众审美主体映射范围内。要完成一个商品海报的设计与制作，设计者先要明确它的作用、位置和目的，其次再考虑其创意、美观性和视觉舒适性。

商品海报最突出的特点是搭配得当的色彩，有强烈的视觉冲击力，主题明确，主次分明，一眼就能让消费者知道在卖什么商品，其商品有什么特点。商品海报一般由"文案＋商品（部分商品由模特展示）＋背景"组成（如图6.2.1），其设计风格需要符合大众审美。引发消费者点击，才能体现一张商品海报的商业价值。

| 视觉营销

图 6.2.1 在电商平台上随机抽取的商品海报样式

通常网店首焦（首页焦点）的轮播图自动翻页时间是 5 秒，消费者在这短暂的时间内浏览一张海报，最重要的是要看到主要商品的外观，以及精炼、简洁的文案。这两点就能判断一张海报是否能触达消费者的内心。网购经验较少的消费者，会仔细阅读，观察细节，然后作出判断；而网购经验丰富或对商品比较熟悉的消费者，则会在快速阅读之后将接收到的信息与经验信息进行即时分析和综合比较，再作出判断。消费者心里会有一个对商品的预期值，包含了对商品的认知信息、卖点信息、竞争商品信息和价格预估。这些心理活动与视觉的交互连接，就是消费者需求和商品卖点的碰撞，需要商家在其中建立起紧密的联系，即在商品海报上体现出商品卖点信息和消费者需求信息（如图 6.2.2）。

外观卖点	功能性卖点	服务型卖点
• 多色选择：粉/香槟 • 表盘：无数字/有数字 无装饰物/有装饰物 • 指针：粗/细 • 表带：皮质/链条 • 风格：奢华/简约	• 时间：时针/分针/秒针 • 日期：有/无 • 闹钟：有/无 • 电池：石英电池/机械 • 防水性能：有/无 • 指南针：有/无	• 折扣：指定款12期免息 • 赠品：无/有

图 6.2.2 针对图 6.2.1 进行卖点细化

在设计商品海报时，不一定要把商品所有的卖点信息进行堆砌，只要能够直观地展示，并确保消费者在短时间内能够接收信息，就能完成一个合格的商品海报。

二、商品海报的视觉标准

运用图文搭配，加上创意，使消费者浏览海报后对商品和活动产生好奇，引发点击，是海报的主要任务。然而这里常常存在一个误区，并不是图片越华丽，颜色越鲜艳，文案越有创意，点击量就越高。商家要根据商品的性质与风格设计海报，击中消费者痛点，使其完成点击行为。商品海报设计主要需要考虑以下几个视觉标准。

1. 色彩

商品海报的色彩需要考虑两个方面，一个是首页海报背景色避免和左侧导航背景同色，要考虑如何更加突出；另一个是商品海报背景色与商品主体颜色的同向或反向搭配，要考虑背景如何服务于商品展示。

下面分析图 6.2.3 和图 6.2.4 的海报。图 6.2.3 中海报的主背景色彩相对单一，多使用白色、灰色等浅调色，这样能够更好地凸显主体商品，留白合理，把吸引点聚焦在商品本身；同时商品形象在图片中区域占比较大，并以简单的文案修饰，彰显商品的品牌或品质。这种类型的海报一般适用于数码商品、高端品牌商品等。图 6.2.4 中的海报注重构图，一般采用左右对称构图，文字排版整洁有序，整体图色彩比较丰富；背景色以粉色、淡蓝色为主，配色上参照了商品本身颜色或者相近色，能够有效突出商品本身，营造温馨、亲和的视觉效果，这类海报一般适合美妆商品、鞋类箱包、食品、母婴商品等。

图 6.2.3 色彩简约的海报案例　　　　图 6.2.4 色彩丰富的海报案例

总之，要根据商品特征来对海报的色彩搭配进行调整，避免用色过多，一般 3 种左右；如果商品本身是五彩缤纷的外观，也可以适当调整背景色。文字也可以采用对比反差比较大的颜色，凸显重要的功能信息，使消费者一眼就能看到。

2. 构图

商品海报的布局影响着消费者的浏览方式，并容易映射到商品上，因此，根据商品特点来设计构图十分重要。在拿到一张商品海报的设计需求时，不用着急动手设计，先从以下几个方面进行思考。首先是尺寸大小，各个电商平台不同，海报尺寸规定也不一样，要先确定海报的尺寸，找到合适的排版布局，将内容分为几个区域，为整个海报定下设计框架。其次是要考虑商品形状，根据商品形状与大小去挑选符合版面结构的空间位置和造型摆放。接下来是文案数量，要考虑文案的字体、字号、字数，以及主副标题的长度等。最后是要根据网店的风格和商品的特点进行背景的设计，必要时以相关元素进行点缀物的装饰。

149

视觉营销

以下几种海报构图方式，是电商平台上的常见版式，可以在设计时进行借鉴。

（1）左右对称构图（如图 6.2.5、图 6.2.6），这种构图是海报中最常用的构图方式，几乎适合所有商品，主要特点是在视觉上会比较清晰，容易分辨，所有信息一目了然。

图 6.2.5 美妆类商品的左右对称构图海报

图 6.2.6 食品类商品的左右对称构图海报

（2）居中构图（如图 6.2.7），适合高度大于宽度尺寸的商品，采用这种布局时要结合商品特征来考虑，要把商品的主体放在最突出的位置。

150

图 6.2.7 服饰类商品的居中构图海报

（3）环形构图（如图 6.2.8、图 6.2.9），这种构图文案居中，商品形象呈环形向四周扩散；或者商品形象居中，文案环绕式排列。这类构图布局看起来丰富活跃，信息分层明确，具有较强的阅读性，适合色彩多样的商品。

图 6.2.8 食品类商品的环形构图海报

图 6.2.9 美妆类商品的环形构图海报

151

| 视觉营销

　　（4）上下对称构图（如图 6.2.10、图 6.2.11），这类版式在视觉上易形成下沉的视觉效果。一般将文案设置在上方，商品放置在下方，形成空间立体感，适合条状商品使用。

图 6.2.10　家居类商品的上下对称构图海报

图 6.2.11　家电类商品的上下对称构图海报

3. 文案

　　对于商品海报的设计来说，最基本要求是要做到信息传达准确。海报文案有主标题、副标题、利益点这几个文案信息（如图 6.2.12）。文案信息设计既要让人感觉舒适，更要让人有点击的冲动。

　　根据观察，字数在 6～8 字之间的主标题的点击率是最稳定的，内容一般是紧扣商品特点进行提炼，句型对称，阅读顺口。主标题制定可以采用谐音组词和关键词提炼的方法，也可以用概括式的总结，能够清楚表达即可。

图 6.2.12 海报文案信息

副标题一般可以灵活多样，可以尝试从以下几个角度入手。

（1）价格。调整价格永远是最好的营销手段，超出消费者预期的低价，是吸引点击的不二法则。副标题可以明确地标出优惠价格，指出让利信息。例如：牛奶优选9.9元起；剃须刀终于降价了。

（2）使用效果。副标题可以直接展示商品的使用效果，直观体现商品带来的好处，像一个朋友一样推荐它，用亲切的语言吸引消费者点击购买。例如：穿上这双鞋的你像是一个公主；这款面膜实在太好用了。

（3）目标效果。用数据反映使用效果，在什么时间达到什么效果，给消费者强烈的心理暗示，即只要购买了商品，就能产生到这些效果。例如：7天还你一头滋润秀发；30天打造闪亮牙齿。

（4）特定人群福利。专为目标消费人群解决问题的商品海报，其副标题要从消费者需求出发，简明扼要地提出解决的办法，吸引点击。例如：小个子的秘密花园；保卫"宅男"的尊严。

（5）好奇心理。利用消费者的窥探心理来吸引点击，例如：藏在身高里的惊天秘密；6个不为人知的护肤秘诀。

（6）名人效应。现在的粉丝经济氛围火热，粉丝群体庞大，热门人物、事件的引领和辐射作用是商家的"免费杠杆"，一般情况下通过关键热词的使用都能"蹭"到免费流量。名人效应的使用要遵守实事求是的原则。

（7）促销活动。和价格同理，促销活动也是打动消费者的因素之一，促销活动的信息应该更直接展示让利程度，给消费者一种买到就是赚到的感受。例如：特定色号粉底液买一送一；开学全场买200减100。

（8）热销成绩。在文案上利用销售成绩营造热销氛围，给消费者一种商品很受欢迎的心理暗示，而消费者普遍喜欢追赶潮流。这类标题还可以侧面反映商品的质量保障。例如：仅剩500台；双十一日销12万支的网红水性笔。

在字体、字号、字样等方面，则应该根据实际情况进行调整。

| 视觉营销

三、考虑团队成员的意见

商业设计本身就是要服务大众。商品海报的设计流程应该是,根据网店商家的定位、喜好,和消费者需求进行策划与设计,通过观察数据检测其设计风格和适用性。其中涉及两类人群,一个是提出海报设计任务的商家,他们对自家商品的熟悉和了解程度比设计者要全面得多,也能够根据商品销量对商品宣传的效果进行反馈。因此,海报设计者要提前和商家进行交流和沟通,明确他们需要的海报是什么风格。另一个可以参考意见的人群是运营人员,在大数据时代,网店运营人员掌握着一家网店所有页面的后台数据。通过数据分析,能更明确消费者喜好什么,需要什么,并进行针对性的设计调整,对海报的设计更有帮助。

所以,海报设计者要做的就是,听取意见,并结合自己的判断,对于其他专业人士的意见或看法做出适当的取舍,展开设计,这样做出来的商品海报才是各方满意的成品。

【活动实施】

想一想:

本活动的小任务是系统了解商品海报的视觉标准。电商平台上的商品海报可能会经常更换,但小慧团队的项目是美妆商品,商品更新速度较慢,就需要通过不同形式的海报去打造同一个商品的不同视觉效果。一个商品设计多张效果图,便于供甲方选择,也便于平台的更换。为了充分展示商品海报的视觉效果,请先想一想以下问题:

(1) 美妆商品的海报最适合使用什么构图方式?
(2) 美妆商品的文案设计是否可以用夸张的方式,以达到突出商品卖点的效果?
(3) 能不能用一张海报图,背景和文案不变,只更换商品图片就再次使用?

做一做:

假如你是小慧团队中的一员,被分配到的任务是为一款精华液设计海报。请你先自行搜索,找到同类商品的 5 张海报图,并进行分析,完成表 6.2.1 的填写。

表 6.2.1 美妆商品海报视觉效果分析

店　铺	商　品	色　块	构　图	文　案	效　果

第6章 PC端网店视觉装修设计

【活动评价】

通过活动实施,小慧团队了解了商品海报的视觉标准,明确了设计方向,为下一步进行商品海报的设计做好了知识储备。

活动2 制作有辨识度的商品海报

【小任务】

真实的海报浏览环境多是在手机端,现在手机端网购 app 的用户占总网购用户的比例高达 70%。但是,碍于手机屏幕的尺寸,海报所展示的内容非常受限,这就要求海报上的信息必须非常简练且便于识别。小慧团队要完成 ×× 公司上架商品的海报,应该从色彩、创意等各个角度出发进行设计,尽可能凸显出与同类竞争商品的不同。想要在众多商品中脱颖而出,就要具有较强的辨识度,让消费者明白高质量的海报背后是高质量的商品,值得点击进入并购买。本活动的小任务,是以精华液为例,设计一款具有辨识度的商品海报。

【活动指导】

一个好的网店海报应该具备以下 4 个条件维度:

识别成本——能够让消费者在 3 秒内完成阅读并理解内容,且对海报中的信息产生信赖感。

认知惯性——从社会俗成的角度去分析商品价值,不可为求新而过分刁钻,造成消费者认知上的困扰。

人性需求——从目标消费人群的群体特征出发,判断其识别成本、价格、潮流触感。

成品美感——为消费者打造美的视觉效果是电商平台视觉营销的要求。

要制作好一个足够具有吸引力且能表达出有效信息的商品海报,需要从以下几个角度切入。

一、从风格样式角度分析

美妆商品的消费人群是女性,根据品牌形象和商品特性的不同,所打造的海报风格也不一样。高端品牌应营造高级、大气、稳重的视觉效果,讲究质感和气场;可采用深色和纯度较高的背景,其简约的风格给人自信、笃定、舍我其谁的感觉。平价商品则需要体现活力、温馨、亲切的视觉效果,以浅色调背景来烘托平易近人的氛围,吸引消费者点击购买。

在电商平台上,常见的商品海报风格总结如表 6.2.2 所示。

视觉营销

表 6.2.2 常见的商品海报风格样式案例

风　　格	案　　例	说　　明
高端 大气		凸显主体 背景简单 深调色系 自信笃定
清新 文艺		纤细线条 渐变纹理 可爱装饰 清爽自然
唯美 浪漫		浅调色背景 可爱装饰元素 平易近人 温馨亲和
手绘		创意手绘 个性化定制 生动自然
意境 中国风		墨渍浸染 传统质感 中国元素 强烈标志性

二、从构图角度分析

设计者进行海报构图之前,要了解人类的阅读惯性是从左至右、从上至下。在网店海报中,左侧区域的信息更容易被消费者接收到。基于消费者的这个习惯,左文右图的构图模式更适合商品海报使用。

从以上分析可推测出,在美妆商品海报案例中,图 6.2.14 比图 6.2.13 的点击率更高。对美妆商品而言,如果品牌方已经有铺天盖地的宣传,且关注商品的消费者群体已经对商品信息都有了一定的了解,在这种情况下,各商家只能以价格、促销活动、服务等作为商品海报的宣传优势。在图 6.2.14 左文右图构图的海报中,消费者可以第一眼看到"爆款直降,低至 6.9 折"这一促销信息。

图 6.2.13 左图右文构图

图 6.2.14 左文右图构图

| **视觉营销**

市场上美妆商品品牌多，竞争激烈，知名品牌商品可以采用以上凸显文字信息的方法。其他小众品牌商品则较难通过这些方式吸引消费者注意，因此在海报中还是要把商品放在突出的主体位置，这才是商品海报的正确设计思路（如图6.2.15）。

图 6.2.15 突出商品主体的海报设计

因此我们得到的结论是，不同商品的消费者痛点不同，设计者应根据实际情况来确定海报构图方式。

三、从色彩角度分析

在海报的设计制作中，色彩对比不是孤立的，它永远是依附于构图布局而存在的，服务于整张海报的主体部分。色彩对比可以用于整张海报背景中突出商品，也可以用于部分框架中突出文字信息等。在前面的学习中，我们已经了解了色彩有冷暖、明暗、饱和之分，在此我们可以通过将色彩运用到海报设计中，来感受色彩的作用。

1. 色彩影响海报的气质

这里的气质指的是，一张海报给人传递出一种什么样的视觉感受，比如热闹、高端大气、活力、时尚、压抑等感受。

2. 色彩影响信息层级

在商品海报中，可以使用色彩来突出主体。在商品、文案、背景、装饰元素中，后两者不可能是主角，海报内容的主次之分只能体现在商品或者文案上。无论是商品、文案，还是装饰元素，都可以用色块来标明。

3. 色彩影响环境和谐

对于投放的平台和网店来说，商品海报色彩的和谐统一很重要。从图6.2.16中可以看出，大面积色块的背景颜色看起来简约，但是色彩的选取和搭配会造成视觉上很大的区别。

第 6 章　PC 端网店视觉装修设计

(a)

(b)

(c)

图 6.2.16　不同背景颜色的差别对商品海报视觉效果的影响

视觉营销

如图 6.2.17 所示，用不同色彩表示不同会场或主题，但是每一个色彩的明度和饱和度是相似的，设计形式也一样都有自己的规范，这就给人整体统一协调的感觉。在同类竞争网店中，每个商家当然是希望自家的海报图是最突出、最亮眼、最容易被消费者发现的，想要把海报设计得让人眼前一亮、脱颖而出，就需要从色彩上突出亮点。

图 6.2.17 电商促销节日首焦页面

总之，色彩在海报中起到点缀作用（渲染氛围）、突出主体作用（展示信息层级）、平衡画面作用（保证整体视觉协调）、统一风格作用（保持网店中所有海报风格的统一调性）、塑造画面气质作用（塑造美感）。

四、从文字角度分析

除去内容信息设计以外，商品海报文案还可以在字体、字号、字数上做设计。副标题（辅助文字）通常要占海报总高度的 1/2。副标题可添加背景衬托，或者用其他元素点缀，否则整张海报会显得平淡无奇，没有辨识度。字体的变换是海报设计者常用的招数。

1. 字体分类

在人们的认知惯性中，在浏览网店时会根据字体给人的感觉而对商品进行分类并对号入座。例如常见的宋体，线条柔顺，有展现女性温柔、精致、细腻气质的直观感受；黑体字，端正大方，常用来体现男性的粗犷、刚劲、可靠的气质。套用到商品中，人们从字体上就能够大概地对商店商品进行自动分类，字体线条工整粗犷的，一般是男性用品的网店；字体秀美飘逸的，常常会让人联想到这是女性用品的网店。除了 Photoshop 等制图软件内置的字体选择以外，设计者还可以在素材网站上下载字体包使用。

2. 字体变形

从以上例子可以看出，在设计海报时，少有设计者会照搬使用传统字体，而常根据文案的内容以及商品特点对字体进行夸大、强调、凸显重点等设计，或通过变换笔画、改变笔画颜色、拉伸文字等，轻松并有效地改善文字视觉效果（如图 6.2.18、图 6.2.19）。

图 6.2.18 改变笔画颜色的字体设计

图 6.2.19 夸大和拉伸的字体设计

3. 字体叠加

字体的变化还有很多种，近年来流行的主要有添加整字遮盖、阴影遮盖、描边、立体字、手写体、底纹凸显等叠加设计形式（如图 6.2.20、图 6.2.21）。

图 6.2.20 阴影遮盖的字体设计

| 视觉营销

图 6.2.21 底纹凸显的字体设计

商品海报中必不可少的还有装饰元素，其设计方式可以是点线面的配合、虚实的变化，还有前后位置的变化。装饰元素带有方向性，通过对装饰元素的调整可以引导消费者视觉感受。

【活动实施】

想一想：

本活动的小任务是以精华液商品为例，设计有辨识度的商品海报。市面上的精华液商品质量良莠不齐，如何能在众多商品营销的"围剿"中，设计出消费者感兴趣，且有辨识度的商品海报，需要商品、文案、背景，以及装饰元素之间的合理搭配。在设计中，为了完成"有辨识度"这一任务目标，请先思考以下问题：

（1）在商品海报中美妆商品主体和背景颜色是否能用同一颜色？

（2）设计商品海报时把文字和商品的占幅比例设置为 8：2 是否可行？为什么？

（3）团队中有成员认为，这款刚上架的新品海报必须用大红色调的背景，你是否赞同这一观点？为什么？

做一做：

（1）假如你是小慧团队中的一员，请你根据活动指导，全面了解美妆商品海报的几大设计要素，并完整填写表 6.2.3。

表 6.2.3 美妆商品海报的设计要素

商　品	色　块	构　图	文　案	效果说明
粉底液				
口红			让红唇成为你的名片	

第 6 章　PC 端网店视觉装修设计

（续表）

商　品	色　块	构　图	文　案	效果说明
精华液		左右对称构图		
面膜				精致、高端
香水	香槟色			

（2）请你针对图 6.2.22 中的商品海报进行背景补充设计。

图 6.2.22　商品海报 1

（3）请你针对图 6.2.23 中的商品海报进行文案补充设计。

图 6.2.23　商品海报 2

视觉营销

✎【活动评价】

通过活动实施，小慧团队完成了设计有辨识度的商品海报的任务，结合××公司精华液的特点和优势，制作出4张海报，并通过了××公司相关负责人的验收。

✦ 6.3　活动海报设计

活动1　准确的信息传达

▶▶【小任务】

商品海报和活动海报在很大程度上都是类似的。其功能都是起到宣传和引流的作用，组成部分也同样包括商品、文案、背景和装饰元素四个部分。区别之处就是，商品海报是重点针对某个或某类商品进行宣传，而活动海报是为某个网店的活动做宣传。因此活动海报的设计既要借助商品海报的设计原则，又要有自己的展示重点，即明确活动内容。本活动的小任务，是要先了解清楚一张活动海报中所需要传达的信息，学会根据活动内容的不同，来突出不同的信息，为下一步的活动海报设计制作做好知识储备。

📖【活动指导】

一、活动海报的信息传达

在网店做促销活动时，首先，要在第一时间让消费者了解：这是做什么活动？有什么优惠？怎么参加活动？这三个信息至少有两个需要展示在活动海报中，让消费者不管是无意中浏览到，还是通过折扣平台的推送来到网店，都能短时间内做出决策行为，也就是决定是否点击。

从图6.3.1的活动海报中，我们可以根据它的信息分层来进行分析。

图 6.3.1 某水果网店的会员日活动海报

（1）商品信息——选用符合主题、数量恰当的素材。

注意：活动海报抠图干净、比例协调，素材高清、高品质，能够增加消费者对商品和网店的好感。素材过多容易让人眼花缭乱，没有视觉重心；素材过少则显得空洞，没有吸引力。素材过多和过少都无法很好地突出主题。

（2）文案信息——信息表达明确，让人一眼看到这是"会员日 9.9 专场"的特惠活动信息。但是由于标题层级过多，稍显繁杂零乱，并且缺少吸引点击的引导词。

注意：文案应该精简直观、易懂易记。避免繁杂零乱，可以采用字体变形，把需要突出的字词进行特殊设计，让人的注意力快速聚焦在商家想强调的内容上。主副标题文字不宜过多，一般情况下 12 字以内为宜，大面积的文字或者多行文字会影响可读性。适当的字体设计可以增加视觉冲击力，但是避免同时使用 3 种以上的字体。如果是加上商品链接的活动海报，可以添加"立即参与""尽快抢购"等字眼，给人以点击的心理暗示。

（3）背景信息——背景色彩上运用橙色，能够突出文字的白色（颜色对比）。背景与商品之间呈递进关系，整体看起来舒适和谐。

注意：和商品海报一样，活动海报设计需要考虑投放环境，其背景颜色或图片设计要与环境存在对比，让内容更加醒目突出。背景不宜过于花哨，色彩不宜过多，要保证主题清晰、有辨识性。纯色背景适用于画面比较简洁、内容相对丰富的商品类目。背景的深层次意义是衬托氛围或情感，强调广告商品活动特点，加深消费者对商品的情感认识。

（4）装饰元素信息——用背景线条阴影打造立体感；补充视觉空缺。

注意：装饰元素可以让传递的信息直观、生动起来。根据活动的不同，装饰元素可灵活变换，可以是彩带、几何图形、线条等小图标，也可以直接是商品展示的图片等。一个好的装饰元素要与文字呼应，符合网店的风格，为文案添砖加瓦，起到画龙点睛的作用。

| 视觉营销

二、活动海报的商品信息

活动海报和商品海报的区别是突出主体不同,活动海报表达的信息内容就是活动内容。在设计海报中要充分考虑表达信息的筛选,不能含有太多的信息,让人感觉信息量过大或画面杂乱。海报的重点应该是文案信息,活动海报的目的是用活动内容吸引消费者点击,引导消费者点击进入下一个页面。

活动海报中的信息组成主要有四个部分组成(如图6.3.2)。活动海报中的商品信息表达,可以通过商品图片大小、摆放位置、商品颜色、包装外观等方面进行传达。

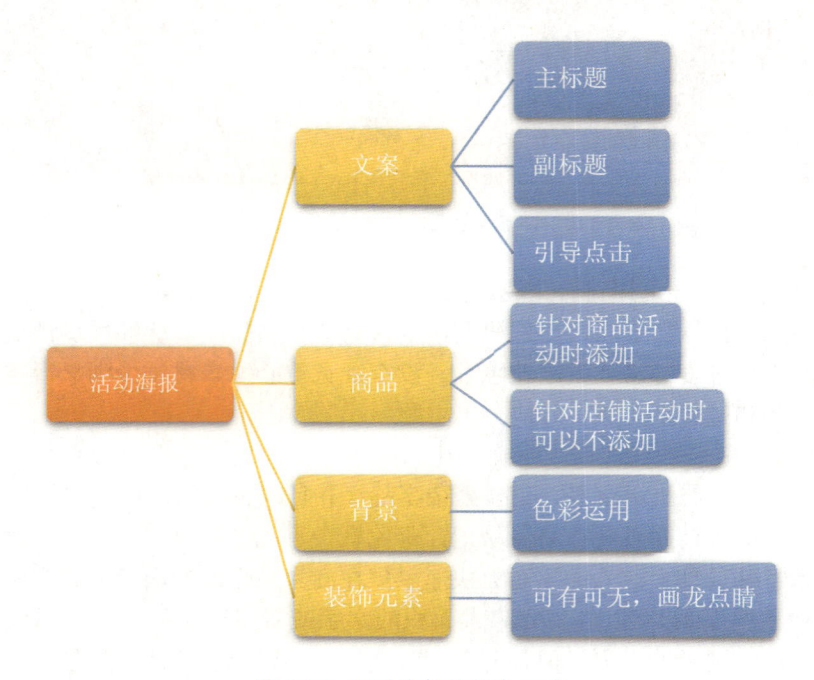

图 6.3.2 活动海报的信息组成

在图6.3.3中,商品图片的占幅较小,色彩丰富,糖果商品图片与主标题中文案"甜蜜"互相辉映,可清晰快速地让消费者明白这是糖果的促销活动。

图 6.3.3 食品类商品的活动海报

在图 6.3.4 中，活动海报采用层叠的图片效果，以不同的水果颜色营造差异化，重组成一个水果样式，摆放错落有致，与其文案中的"缤纷水果"互相呼应。

图 6.3.4 果蔬类商品的活动海报

在图 6.3.5 中，商品由儿童模特展示，动作自然可爱，与文案中"童趣"相辅相成，有效地体现了网店内商品的特性和品质。

图 6.3.5 儿童服饰类商品的活动海报

由以上案例中均可看出，在活动海报中，商品形象的出现是为了告诉消费者这个活动针对什么商品，完成这一基本信息的传递就完成了商品形象在此类活动海报中的任务。

三、活动海报的促销信息

在活动海报中，促销信息以文案的形式进行重要展现。在这里促销信息是针对整张海报作出说明，直接表明主题。主标题和副标题互相配合，可以表达出活动的促销时间、促销力度、促销方式等，可以表达如何参与活动，例如进店收藏即可领取红包，也可以表达

视觉营销

为什么进行促销，如新品上架、年终大促、夏季清仓等。

在活动海报的文案设计中最重要的是主标题和副标题的展现。主标题要简洁明了，让人能尽快识别出主题信息，副标题进行补充说明，吸引人们的点击。一般情况下，主标题不超过 12 个字，以对称性 8 字为佳；副标题一般不超过 20 个字，一般直接表达促销信息，干脆利落。一张活动海报的文案除了主副标题以外，还会有一些引导点击的文字图标。在图 6.3.6 中，用镂空字体配合蓝色背景和海浪图案营造夏季清凉的视觉感受；用黄色填充"夏季"二字能够突出活动的重点，给人干净简约的视觉感受，又能够完整表达促销信息。

图 6.3.6 夏季清仓促销活动海报

在图 6.3.7 中，主标题字体颜色在背景颜色中提取，以白色背景做对比，凸显内容；字体放大居中，突出视觉主体；背景颜色与字体颜色的两色对比，具有视觉冲击性。

图 6.3.7 圣诞节促销活动海报

在图 6.3.8 中，主标题简单明确，字体线条流畅，体现女性细腻知性的特质；主副标题中都有阿拉伯数字"3.8"，分别代表三八节（国际妇女节）与 3.8 折促销信息，相互辉映，点明活动主题。

第 6 章　PC 端网店视觉装修设计

图 6.3.8　节日促销活动海报

在图 6.3.9 中，整张海报的主要视觉要素是文字。主标题 4 个字，在"大促"二字的连接处形成一个"V"形，给人感觉价格直降触底，体现了独特生动的视觉设计感。副标题采用纵向文本框放置左侧，人们从视觉习惯上第一眼就能够看到五折促销信息。

图 6.3.9　网店清仓促销活动海报

【活动实施】

想一想：

本活动的小任务是了解活动海报所需要传达的信息，通过活动指导，小慧团队已经明确了可以通过信息组成、商品信息体现和促销信息体现的途径，来完成活动海报的设计；同时也可以根据商品海报的设计原则进行结构布局，以完成信息的准确传达。为了完成"准确传达信息"这一任务目标，请先思考以下问题：

视觉营销

（1）在活动海报文案中，有设计感的字体一定比传统字体更有吸引力对吗？为什么？

（2）在活动海报文案中，汉字和英文字母互相搭配的效果更好吗？为什么？

（3）在美妆商品类目中，活动海报的文案是否采用高端、高冷的风格表达更符合品牌形象？

（4）假如，美妆品牌类的活动海报背景颜色是红色，那么文案的字体颜色是否为黑色才是最佳搭档？如果不是，你认为什么颜色更好？

做一做：

（1）作为小慧团队中的一员，请你根据活动指导，在活动海报设计中采用字体变形设计，自行设计一张活动海报的主副标题。

（2）针对两张海报（如图 6.3.10、图 6.3.11），你认为在商品和活动的信息传达方面哪张做得更好？并分析原因。

图 6.3.10 海报 1

图 6.3.11 海报 2

第 6 章　PC 端网店视觉装修设计

✎【活动评价】

通过活动实施，小慧团队了解了活动海报的信息传达方式和侧重点，明确了在活动海报中，更充分的文字表达能够完整体现商家的意图，为下一步进行活动海报的设计制作做好了知识储备。

活动 2　制作有吸引力的活动海报

▶【小任务】

近年来，双十一、双十二电商活动越来越火热，由此引领了电商购物节庆的风潮。这些活动由电商平台发起后，通过大规模集结网店参与，以更优惠的价格和更丰富的赠品等方式吸引了广大消费者的参与，实现了双赢。这些节日市场也成了商家之间的营销战场，再加上网店日常的新品上架、季末清仓、年末回馈等各种活动，其活动海报想要在同类竞争网店中脱颖而出，就必须有足够的辨识度和吸引力。本活动的小任务，是以双十一活动为例，设计一款具有吸引力的活动海报。

📖【活动指导】

设计并不是单一的文字编排，更不是纯粹的炫技，在设计活动海报时，设计者需要完成构图的选择、文字的编排、文案的创意、元素的协调等内容。下面以双十一活动海报为例进行设计步骤讲解。

一、设计前做好规划

在设计前期做好规划很有必要，虽然在实际制作中会有变化，但做好思路规划可以保证设计方向。下面简单对某双十一促销打折的活动海报设计思路进行分析（如图 6.3.12），可以通过联想实体店里的促销活动，看看它们都有一些什么样的元素是值得应用在网店活动海报设计里的，或找出与同类竞争商品活动海报的差异作为创意灵感来展开设计。

| 视觉营销

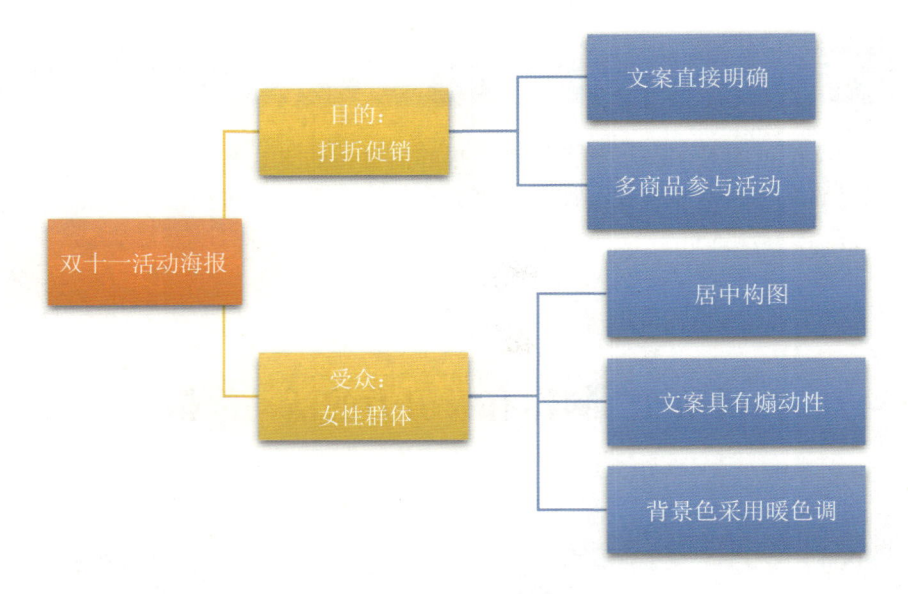

图 6.3.12 双十一活动海报设计思路

现在的双十一活动各类海报都已经做得非常成熟，大多以红色、白色、紫色或蓝色等色块来营造热闹的氛围，如图 6.3.13 所示。网店在设计活动海报时可以先借鉴其他网店的活动海报，分析其亮点和优势，再结合自身活动做出差异化视觉效果。

图 6.3.13 以红白两色对比突出视觉重点

二、文案内容设计

双十一活动海报的文案内容要贴合主题，以狂欢为主题，营造紧迫、激动、期盼的氛围。主标题可以和商品有直接相关，紧扣商品特点，因商品而异。在此主要针对促销信息的文案内容进行分析（如表 6.3.1）。

表 6.3.1 促销信息的文案展示内容案例

展示内容	文案案例	氛　围
主题	约惠双十一	紧迫、激动、期盼
	全场半价，特惠来袭	
	双十一购物大趴	
	双十一全球狂欢节	
	双十一预售嗨不停	
	双十一抢好货	
优惠力度	5折不止，抢完为止	超实惠、机会难得
	直降7折	
	触底价，等你来	
	洗护专场第二件0元	
	全场满200减50	
活动时间	限时抢购，售完即止	紧迫、手慢则无
	限时第二件半价	
	仅此一周提前抢	

三、配色设计

活动海报以展示促销信息为主，配色的主要目的是商品、文案、背景、装饰元素之间的关系。色彩搭配不仅能给消费者带来感官上的享受，还可以激发消费者的情感共鸣。活动海报配色的最基本原则有两个，第一个原则是配色要符合品牌风格，采用暗色系能带来大气奢华的视觉效果，而亮色系则形成亲切温馨的氛围（如图6.3.14、图6.3.15）。电器商品一般使用蓝色系等冷色调，给人科技感；食品类可以使用橙色等明亮色系，给人清新活力、增加食欲的感觉。第二个原则是配色要形成明暗对比，一张海报的大色块一般不超过3种颜色，能够产生较强的对比色是最常用的技巧，深色背景配浅色商品，浅色背景配深色商品；只能选出一种颜色作为主色，其他两种作为辅助色来使用，商品和背景有层次感才能突出主体信息。电商平台全年活动海报案例如表6.3.2所示。

视觉营销

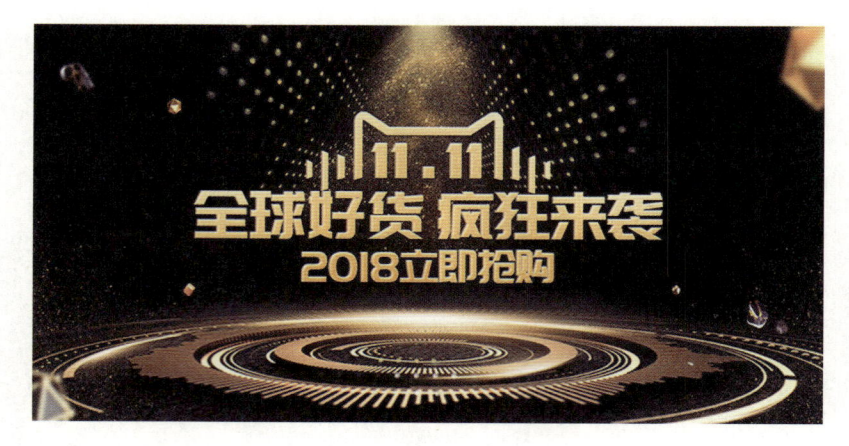

图 6.3.14 暗色系活动海报

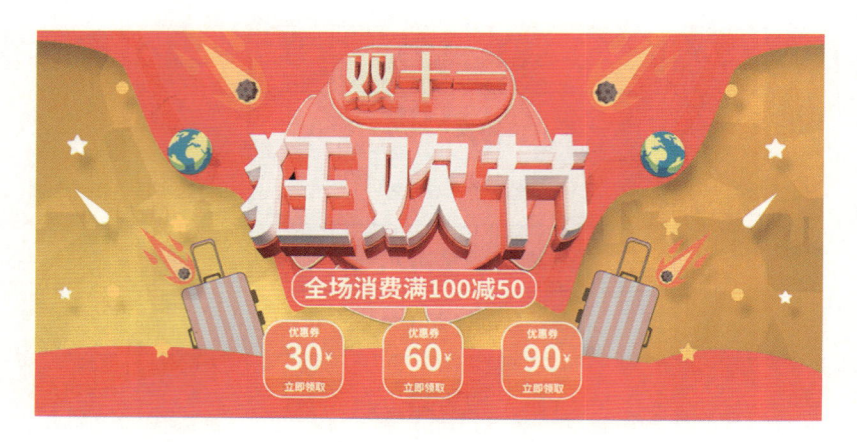

图 6.3.15 亮色系活动海报

表 6.3.2 电商平台全年活动海报案例

节　日	案　例
西方情人节	

174

第 6 章　PC 端网店视觉装修设计

（续表）

节　日	案　例
三八节	
六一儿童节	
6.18 年中大促	
中秋节	

175

视觉营销

（续表）

节　日	案　例
双十一	
双十二	
西方圣诞节	
新品上市	

第6章 PC端网店视觉装修设计

（续表）

节日	案例
季末清仓	

【活动实施】

想一想：

本活动的小任务是设计一款具有吸引力的活动海报。通过活动指导，小慧团队明白了活动海报最亮眼之处是活动内容，要用美观的背景和新颖的文字样式进行设计，以显示自身的优势和与同类竞争网店的区别。为了完成这一任务目标，请先思考以下问题：

（1）美妆类网店全年的活动海报都可以用同一背景以显示网店风格，你赞同这一做法吗？为什么？

（2）活动海报最重要的部分是文案，因此做好文案编排比强调背景更重要，这一说法你是否赞同？为什么？

做一做：

假如你是小慧团队中的一员，请你根据活动指导，完成一批新品上架的活动海报的设计与制作。

【活动评价】

通过活动实施，小慧团队了解了活动海报的设计流程，明确了在活动海报中，通过文案、配色来提高点击量的重要性，从这两个方面出发能够有效促进网店活动海报的传播，从而获得流量和利润。小慧团队按照公司要求完成了新品上市的活动海报，并通过了公司的验收，并着手开始为其他活动的海报设计做准备。

视觉营销

6.4　商品详情页设计

活动 1　明确商品详情页的转化作用

▶▶【小任务】

商品详情页是针对某个商品进行卖点和细节描述的页面图片，是整个网店的亮点和聚焦点。消费者在网购时，通过商品详情页可以了解到商品最全面的信息。前面提到的商品主图和海报可起到引流作用，而商品详情页可起到提升转化的作用。一个有吸引力和购买力的商品详情页能够刺激消费者的消费欲望，促使其下单购买。本活动的小任务，是帮助小慧团队针对商品详情页进行分析并明确其转化作用，掌握提高转化率的方法，为下一步的商品详情页设计做好知识储备。

📖【活动指导】

一、影响商品详情页转化率的原因

在能够保证浏览量和点击量的情况下，商家要从消费者的角度出发去思考转化率的问题：为什么消费者要下单购买我的商品？是被哪个部分吸引到？例如，当网店访客有 1000 个流量，但是转化率只有 0.9% 时，要改善这种情况可能需要提高客单价，也可能需要优化商品详情页。

对于流量访客的转化率高低，可以通过运营数据进行分析。在网店装修中，商品详情页是面积最大的图片，包罗了商品价值、细节，营销导向，品牌形象等核心卖点，是网店视觉营销的重点内容，也是影响转化率高低的最主要因素。

从图 6.4.1、图 6.4.2 中可以看出，商品详情页需要能够展示如商品信息、适用人群、售后服务、用户评价等信息。消费者只有在商品详情页中能够提取到有效信息，才能够促进流量的转换。

第 6 章 PC 端网店视觉装修设计

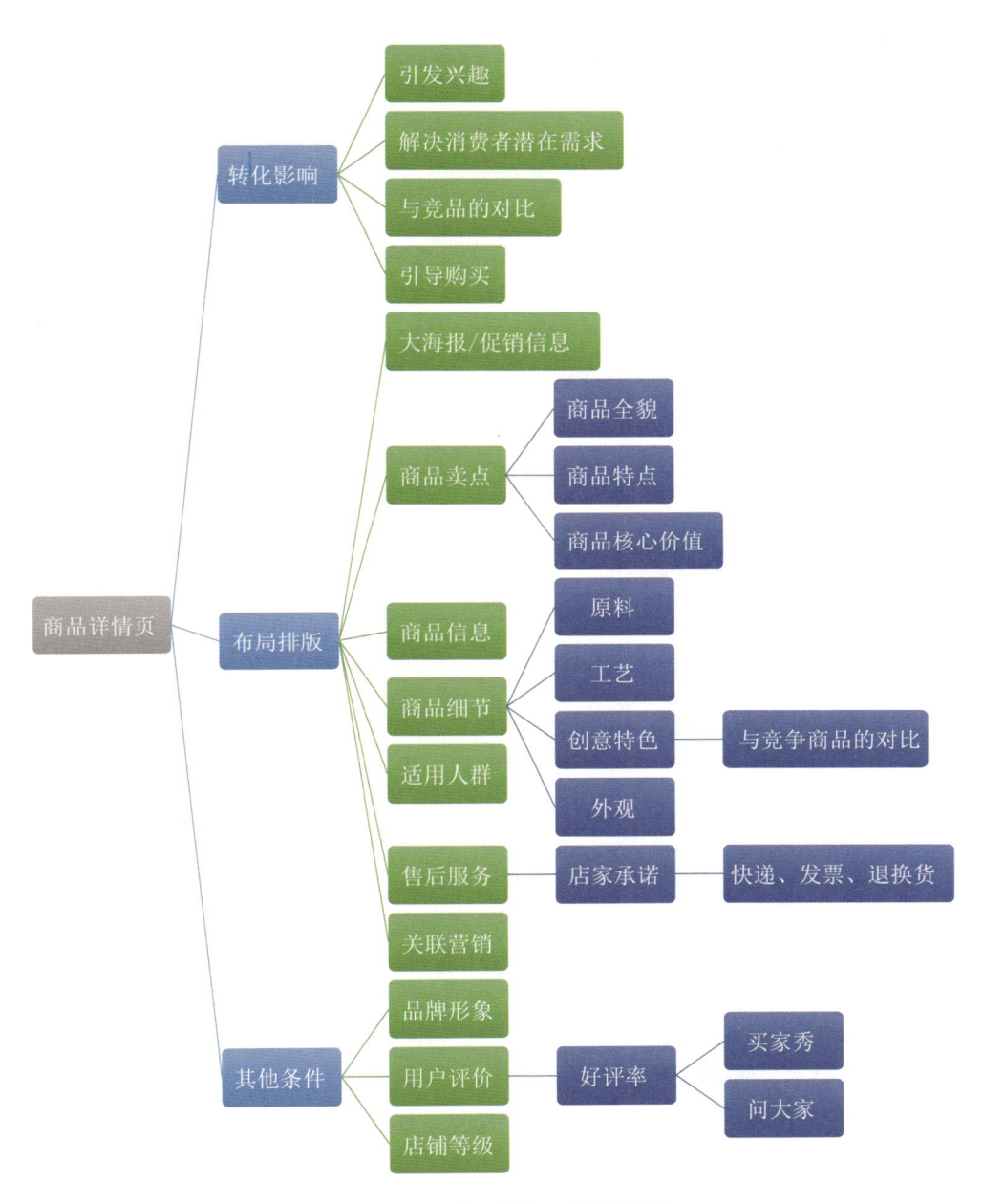

商品详情页
- 转化影响
  - 引发兴趣
  - 解决消费者潜在需求
  - 与竞品的对比
  - 引导购买
- 布局排版
  - 大海报/促销信息
  - 商品卖点
    - 商品全貌
    - 商品特点
    - 商品核心价值
  - 商品信息
  - 商品细节
    - 原料
    - 工艺
    - 创意特色 — 与竞争商品的对比
    - 外观
  - 适用人群
  - 售后服务
    - 店家承诺 — 快递、发票、退换货
  - 关联营销
- 其他条件
  - 品牌形象
  - 用户评价
    - 好评率
      - 买家秀
      - 问大家
  - 店铺等级

图 6.4.1 商品详情页的整体要素

| 视觉营销

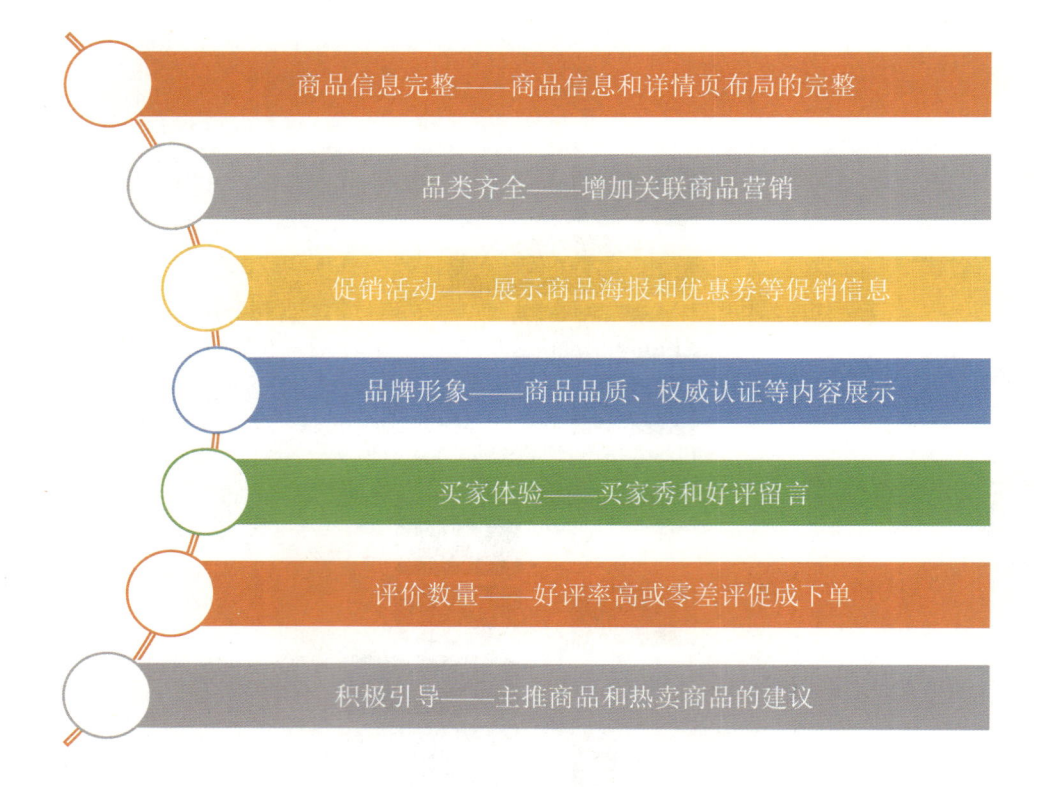

商品信息完整——商品信息和详情页布局的完整

品类齐全——增加关联商品营销

促销活动——展示商品海报和优惠券等促销信息

品牌形象——商品品质、权威认证等内容展示

买家体验——买家秀和好评留言

评价数量——好评率高或零差评促成下单

积极引导——主推商品和热卖商品的建议

图 6.4.2 商品详情页影响转化的关键点

我们可以把消费者分为三类：挑剔型、追风型、忠诚型，商家要根据不同类型的消费者，设计不同的商品详情页方案，抓住消费者心理，提高网店整体的转化率。

二、商品详情页的转化作用

商品详情页对于目标消费者的引导作用和网店的转化率的高低起非常重要的作用。在设计商品详情页面时，文案一定要准确、清晰，详略得当；图片要清晰不失真，抠图无毛边，尺寸比例恰当。此外在页面设计时还需要有一些可以吸引消费者不断看下去的关键点，以促成转化。

商品详情页对提高转化率的作用：

（1）吸引消费者。商品详情页必须对消费者有吸引力，通过各种独特的设计、创意的文案和完整的展示来吸引消费者浏览完整个页面，有效展示商品信息。需要注意的是，商品详情页开头的大海报必须有足够吸引力，注意使用简洁有力的短句文案，图片清晰美观，图文混排。

（2）增加消费者黏性。一个有吸引力和购买力的商品详情页可以提升消费者的复购率，增加消费者黏性。消费者在认真观看商品详情页时，除了商品详情页的单向输出（商品展示）以外，还可以有交互入口，让消费者与商品详情页进行"交流"，消费者需要解决的问题在商品详情页中都能找到回答。这些交流可以用文字、图片或链接来实现。

（3）关联销售促销售。商品详情页除了要介绍某一商品的详情外，还需要在恰当的位置对其他商品进行相关联的推荐。这样不仅可以引导消费者更多地了解店内的商品和服务，同时还可以将消费者的潜在需求激发出来，对网店的转化率提高非常有利。例如，在美妆商品中，口红商品详情页的关联销售商品可以是卸妆水、粉底液等商品。

三、提升商品详情页转化率的方法

1. 放大商品核心卖点

在商品详情页中，可以采取适当夸张的方式对商品、服务等卖点进行介绍，由此引起消费者的关注。

如图 6.4.3 的商品详情页中，提炼出一个口红最核心的"当红不让"的核心卖点，然后再提炼出三个次级卖点——"经典必备""女王本色""时尚焦点"等，对核心卖点进行了适当渲染，以突出卖点价值。

图 6.4.3 口红商品详情页大海报

2. 淡化商品短板

一千个消费者就有一千种挑剔的眼光，世界上也没有完美的商品。如果一家网店已明确自身的商品或服务有些短板，在商品详情页展示时，可以采取适当扬长避短的方法让消费者忽略掉，但是要把握好尺度，不可弄虚作假欺瞒消费者，否则失去的是网店的形象和信誉，会造成无法挽回的损失。

如图 6.4.4 所示，鲜柿子色是较难驾驭的口红色号之一，因此在商品详情页中除了模特涂色展示以外，以简单的文案进行描述即可。

视觉营销

图 6.4.4 口红商品卖点展示

3. 引导点击下单

在商品详情页中,还可以在一些适当的位置给消费者一些心理暗示,如关联销售、用户好评等内容,以此增加其消费动力,促进转化(如图 6.4.5、图 6.4.6)。使用这种方法时需注意用词、用图要准确有度,避免有强买强卖的嫌疑。

图 6.4.5 关联销售增加商品搭配多重选择

182

第 6 章　PC 端网店视觉装修设计

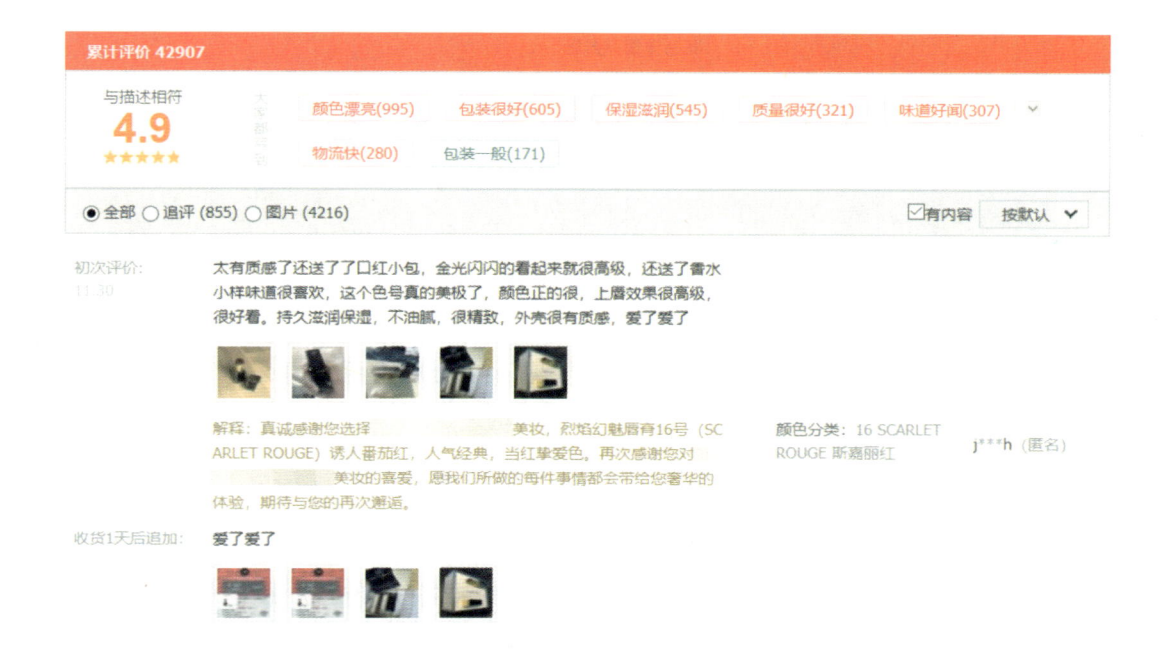

图 6.4.6　用户真实好评促进消费

【活动实施】

想一想：

本活动的小任务是了解商品详情页的转化作用。请思考以下问题：

（1）商品详情页的布局排版中组成部分的顺序是否可以随意调换？为什么？

（2）商品详情页是否可以用商品主图和海报进行堆叠即可？

（3）商品详情页的背景颜色是否需要和本店内同一个商品海报的背景颜色一致？为什么？

做一做：

作为小慧团队中的一员，请你根据本活动所学内容，自行搜索几种销量较高的口红商品的商品详情页，对其布局排版进行解析并完成表 6.4.1，将符合的部分打"√"，如有新增部分，则填写在"其他部分"中。

视觉营销

表 6.4.1 口红商品详情页布局排版案例解析

商　品	商品详情页布局						其他部分
	大海报	商品卖点	商品细节	适用人群	关联销售	售后服务	

【活动评价】

通过活动实施，小慧团队了解了商品详情页的组成元素和转化作用，对商品详情页的设计与制作起到了指导作用。

活动 2　制作有吸引力的商品详情页

【小任务】

商品详情页设计中不可忽视的两点是：视觉的流畅度以及文案辨识度。新手在制作商品详情页初期，都会找大量的同类商品详情页做参考。众多商品详情页的构图方式、元素使用、视觉表现形式仅仅是一个可供参考的方向，落实到自家网店设计中还是要灵活运用、举一反三。一般情况下，一款商品的商品详情页中大概有 2～4 屏比较出彩即可，屏与屏之间能形成一定的对比，不至于千篇一律，让人产生视觉疲劳。本节课的小任务，是根据××公司的口红商品设计一款具有吸引力的商品详情页。

【活动指导】

网络购物已经成为一种生活方式，其中，手机端网购的流量占比越来越大，已经成为主要流量渠道，因此手机端电商平台中的商品详情页就变得格外重要。但是在电商平台上，还是有很多网店包括品牌网店在设计手机端网店的商品详情页时，其设计思路与 PC 端的设计思路一致。手机端和 PC 端的商品详情页设计思路相差不大，区别在于横竖屏和尺寸的视觉差异，需要在设计时进行调整，本活动重点学习 PC 端网店商品详情页的设计。

一、商品详情页的布局

一张完整细致的商品详情页布局包含了大海报、商品信息、商品卖点、商品细节、用户评价、售后服务等内容，有利于促进消费者对商品的全面了解和信任。

目前常见的、被认可的商品详情页设计形式是分屏式，就是按照手机端设计思维，以一屏为单位制作，最后整合成一个完整的商品详情页，这种形式有助于提升其视觉流畅度及内容识别度。在 PC 端同样可以使用相同的设计思路，只要结构完整，能够有效传达信息即可。

二、商品详情页的设计技巧

商品详情页和商品主图、海报的设计有相同之处，但商品详情页最主要的设计技巧体现在三个方面，分别是：围绕核心关键词、保证视觉舒适、局部细节重点展示。

1. 围绕核心关键词

核心关键词对引流至关重要。过去只要有一个爆款，它的很多关键词都会在电商平台搜索热度排名中靠前，可以快速引入流量；而现在的爆款只可能会有个别关键词热度排名靠前。因此，设计商品详情页时就要筛选出有效关键词，并且对其展开重点描述。比如消费者通过搜索"A 级车厘子"关键词购买商品，他的消费需求和目的非常明确，在商品标题描述和商品详情页制作中就需要重点突出车厘子的高品质，促使消费者下单（如图 6.4.7）。

图 6.4.7 凸显核心关键词商品详情页案例

2. 保证视觉舒适

商品详情页是否视觉舒适，主要体现在细节上，比如商品详情页大小及长度、分屏图

视觉营销

片尺寸、字体大小、装饰元素等。为了让消费者更快打开商品详情页，看完商品详情页内容，整个商品详情页大小尽量不超过12M，长度尽量控制在12000px内。过长的商品详情页不但影响页面加载速度，而且会带给消费者焦虑感。

为了商品详情页视觉更美观、各模块分割更清晰、商品卖点更明显，在商品详情页设计时需要添加装饰元素。装饰元素非常丰富，有线条、图片、装饰性中英文等。需注意的是，所有装饰元素都是为了凸显主体内容，所以在添加装饰元素时一定要注意整体的协调性，得体恰当的装饰元素使商品详情页更丰富生动（如图6.4.8）。

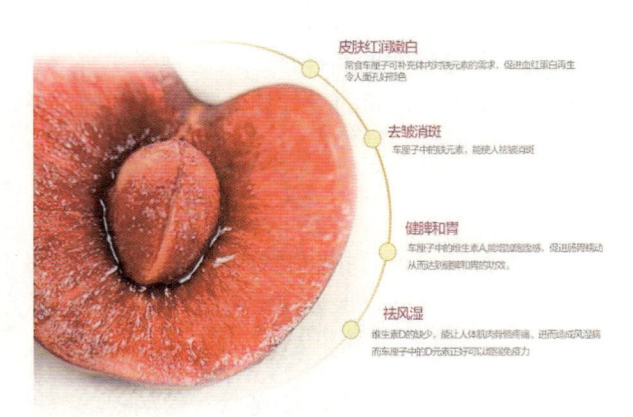

图6.4.8 整齐美观商品详情页案例

3. 局部细节重点展示

局部细节主要指商品细节（如图 6.4.9）。商品细节展示可以让消费者全面了解商品的品质与特性；还可以展示消费者的真实评论以及在竞争商品的评论区提取的核心卖点。由于这是消费者很看重的核心细节，所以要将这种局部细节放大，使它有更强的视觉冲击力，有利于促进消费。

图 6.4.9 重点展示商品细节商品详情页案例

| 视觉营销

制作一个优质的、具有吸引力的商品详情页，光有技巧是不够的，还需要融入商品营销思维。通过调整商品详情页的视觉、营销、商品等属性，来打造具有网店特色的商品详情页，在这点上，需要商家或设计者不断积累经验，在学习和实践中进步和成长。

【活动实施】

想一想：

通过活动指导，小慧团队了解了商品详情页的重点展示内容。要完成任务，请思考以下问题：

（1）当商品卖点过于分散时，应该怎么设计商品详情页？
（2）当进行商品卖点文案描述无从下手时，应该怎么办？
（3）商品详情页的色彩越丰富越能吸引消费者购买，你对这一说法怎么看？
（4）为了体现网店的用户好评率，可以在商品详情页中放置较多的用户评价，并重点展示，这一做法你是否赞同？为什么？

做一做：

（1）作为小慧团队中的一员，请你观察图 6.4.10 中的商品详情页并对其进行点评。
（2）请你独立设计一张完整的具有转化作用的口红商品详情页。

图 6.4.10 粉底液商品详情页案例

| 视觉营销

【活动评价】

　　通过活动实施，小慧团队完成了具有转化作用的口红商品详情页的设计，明确了在商品详情页中，通过围绕核心关键词、保证视觉舒适、局部细节重点展示这几种设计技巧，可以使其更加具有吸引力。小慧团队按照这一设计思路继续设计制作了公司其他商品的商品详情页作品，通过了公司的验收，完成了整个订单任务。

【任务回顾】

　　通过本章的各项活动，小慧团队完成了网店装修设计的 4 个任务，同学们明确了商品主图、商品海报、活动海报和商品详情页的引流作用，了解了网店装修的设计理念和技巧，掌握了其详细的设计框架和制作流程，提升了自身网店视觉装修设计能力和营销能力。

第 7 章
手机端网店视觉装修设计

成熟的 PC 端电商平台上拥有数不胜数的商品量及商品成交量。但随着时代发展和大众生活习惯的改变，智能手机的市场占有率逐渐增多。电商的手机端市场发展已经超越 PC 端市场，成为电商平台新的主战场，移动互联网的时代已经到来。手机端的流量对网店的销售额有很大的帮助，而手机端网店视觉装修设计是促成订单、提高流量的重要因素。

本章将主要介绍手机端网店的具体框架、首页的模块组成和装修，以及手机端网店店招、分类页、商品详情页等关键模块的视觉装修设计与相关知识。

| 视觉营销

> **学习目标**
>
> 通过本章的学习和实践，你应该能够：
> （1）区分手机端网店设计与PC端网店设计的不同；
> （2）掌握手机端网店装修操作技能和技巧；
> （3）深入理解手机端网店店招、分类页、商品详情页、活动页的相关设计；
> （4）能够完成手机端网店的视觉装修设计。

【任务导入】

小明家的网店经过一段时间的经营，成交量一般。小明在观察和分析后发现：随着智能手机的普及，线上交易平台中手机端网店的交易额所占总交易额的比重已经越来越大，手机端网店的发展前景更为广阔。为了争取到更多的网店流量，小明计划对自家手机端网店进行视觉装修设计。

但是小明对于手机端网店装修一窍不通，接下来小明应该怎么做？

【任务解析】

近年来，科技的高速发展，通信网络和智能手机的快速普及，以及手机上网资费的下降和手机上网体验的改善，为移动电子商务的快速发展提供了现实基础。2016年中国智能手机保有总量超过7亿台，2018年、2019年手机淘宝的用户规模快速扩大。2019年11月阿里巴巴集团手机淘宝的数据显示，手机淘宝的日活跃用户数量达到4.6亿，手机已经成为目前用户的主要购物渠道之一。小明要从以下几个方面了解手机网店装修：

（1）手机端网店的框架；
（2）手机端网店首页的模块组成；
（3）手机端网店首页的视觉装修设计；
（4）手机端网店关键模块设计。

第 7 章　手机端网店视觉装修设计

7.1　首页设计

活动 1　熟悉手机端网店首页

【小任务】

现在越来越多的消费者都倾向使用智能手机访问网店来展开购物活动。在现代都市快节奏的生活方式中，手机端网店能给消费者带来更好的用户体验。因此，要对手机端网店进行更为个性化的设计，使其直接展示重要信息，引导消费者找到自己所需的商品，获得更好的购物体验。本活动的小任务，就是以手机淘宝为例帮助小明熟悉手机端网店首页的框架，做好知识储备，为后面进行手机端网店装修打下基础。

【活动指导】

一、无线流量转换及转换过程

手机端网店的无线流量指的是用户访问网店的时所产生的网络流量总数，也就是消费者浏览网店逗留的时间总数。无线流量是反映网店人气的重要标准之一，对网店运营有直接的作用。要了解手机端网店首先要区分无线流量的种类，无线端的流量主要包括以下三种：

（1）免费流量：消费者自主搜索商品或服务的关键词进入网店的流量；

（2）付费流量：由付费推广引入的流量；

（3）自有流量：通过消费者收藏网店、重复购买行为带来的流量，或者通过抖音、微博等站外流量引流的流量，或者通过消费者扫描二维码引入的流量。

当流量进入网店后，商家就要对流量进行承接。流量的承接形式主要为以下三种：网店首页、商品详情页和自定义页面。通过对消费者行为进行分析发现，大多数直接进入商品详情页面的消费者会选择进一步点击进入网店首页对网店进行搜索浏览，由此可见手机端网店首页的装修起着十分重要的作用。

接着就是流量的转化过程。当大量的无线流量被引入网店时，商家可以通过手机端网店的营销工具和功能设计等来优化流量的转化质量。

最后，当流量转化变现后，商家要建立并完善网店的会员管理制度，便于进行客户关

> 视觉营销

系管理，进一步维护会员关系。无线流量的整个转化过程如图 7.1.1 所示。

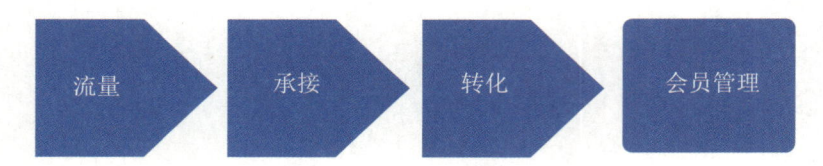

流量 → 承接 → 转化 → 会员管理

图 7.1.1 无线流量转换过程

二、手机淘宝网店首页的框架

装修设计手机淘宝网店要先开通手机淘宝网店。如已经申请淘宝网店，可以直接通过 PC 端淘宝首页的千牛卖家中心进入（如图 7.1.2）。

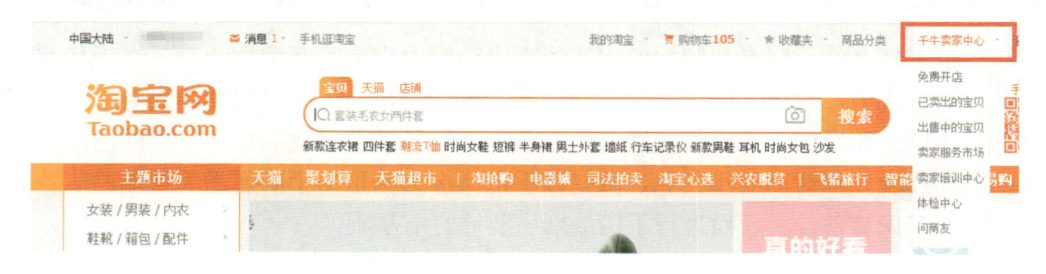

图 7.1.2 千牛卖家中心

进入千牛卖家中心后，点击"网店管理"，即可看到"手机淘宝网店"选项，再点击"立即装修"就可以开始进行手机淘宝网店装修（如图 7.1.3）。

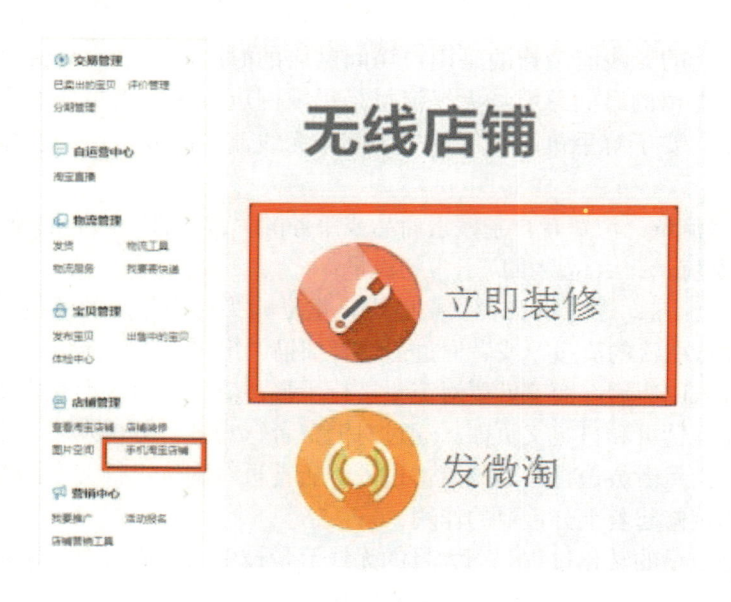

图 7.1.3 手机淘宝网店装修页面

第 7 章　手机端网店视觉装修设计

装修设计手机淘宝网店首先需要确定网店首页的大致框架及风格，再依次地对每个模块进行细致的设计与修改。图 7.1.4 为手机淘宝网店首页框架案例。

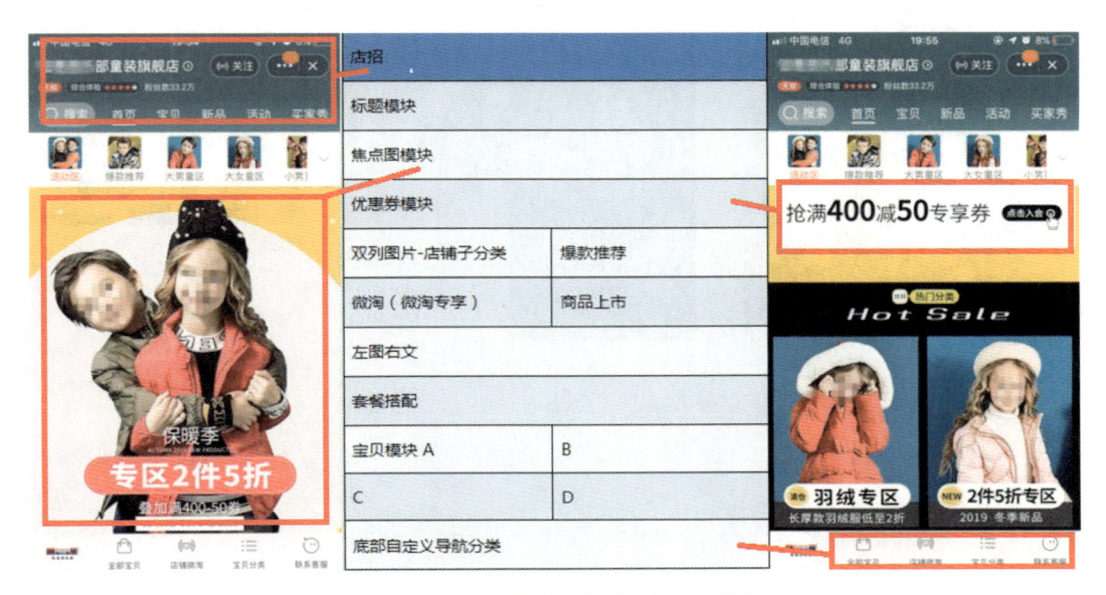

图 7.1.4　手机淘宝网店首页框架案例

手机淘宝 app 十分智能便捷，网店首页的框架结构可以根据商家的需求自动生成。在进行网店框架设计时，在不同区域添加相对应的模块内容就可以。商家不需要在页面设计和布局等方面耗费太多时间和精力，需要重点考虑的是商品图片、文案的质量和消费者浏览的体验感。

另在添加商品内容的时候，设置商品的关联销售以及活动的链接也要谨慎细致，否则混乱的链接会导致网店框架变得杂乱，不便于消费者进行商品浏览与检索，降低消费者的购买欲望。如点击图 7.1.5（a）中的轮播图片，就会打开相对应的商品详情页面图 7.1.5（b），两者展示的必须是对应统一的商品信息。因为商品详情页就是对首页轮播图片中商品信息的补充，两者之间只有设立了正确的对应关系，才能让消费者快捷且准确地搜索自己需要的商品，获得良好的购物体验。

视觉营销

（a）首页轮播图　　　　　　　　　　　　　（b）首页轮播图对应商品详情页

点击手机端网店中首页的轮播图切换到对应的商品详情页

图 7.1.5　首页轮播图链接对应商品详情页

【活动实施】

想一想：

为了让小明更加熟悉手机淘宝，从而顺利地装修自己的手机淘宝网店。请大家帮小明整理以下问题：

（1）如何进入手机淘宝的装修界面？

（2）手机淘宝网店首页的大概框架包括哪些？

做一做：

（1）在手机淘宝查找销量较高的网店，对网店的装修设计进行分析。

（2）重点观察销量较高的网店首页是如何设计与布局的，并作出总结。

【活动评价】

通过活动实施，小明完成了熟悉手机端网店首页框架的小任务，为下一步开展手机端网店的装修做好了知识储备。

第 7 章　手机端网店视觉装修设计

活动 2　手机端网店首页的模块组成

▶【小任务】

网店首页的视觉效果直接影响网店的流量和成交量。网店首页主要通过商品图片的组合来展示视觉效果，可以是多个商品整齐的陈列展示，也可以是网店中某单个商品的海报展示；或是在首页中由模特展示商品使用场景，将模特展示、商品和文案相结合，展现商品的实际使用效果，并通过合理的视觉设计提升网店整体的美观度。制作精良的首页不仅可将信息传达给消费者，还能为其带来愉悦的视觉享受，从而促成交易。网店首页的展示和实体店中的陈列展示效果相似，都是通过视觉效果、氛围的营造和优质的服务达到营销目的，让消费者对店铺有直观的了解。本活动中的小任务是让同学们学习手机端网店首页模块的组成，并掌握手机端网店首页布局的方法。

【活动指导】

手机端网店的消费者往往喜欢从网店首页中通过链接点击进入到商品详情页，所以网店的首页是点击率相对更高的区域之一，是网店展示品牌形象的区域。设计成功的首页往往可以留住 80% 的消费者；如该区域设计不够出色，那么消费者就会失去继续浏览的动力。这就需要我们充分利用好首页各个模块的作用，对手机端网店的首页进行合理的布局，让消费者高效便捷地找到其想要了解的商品。手机端淘宝网店首页装修通常有五类模块，分别是宝贝（商品）类、智能人群类、图文类、营销互动类和其他类。常用模块功能介绍如下。

一、宝贝（商品）类模块

宝贝（商品）类模块如图 7.1.6 所示。

1. 智能双列

智能双列模块的页面中最多可以放置 6 个分模块，为页面的整齐美观，大多数网店选择数量为 2 的倍数。单击拖入"智能双列"模块即可。单击模块界面右侧就可以开始进行模块编辑。

图 7.1.6　宝贝（商品）类模块

197

| 视觉营销

2. 智能单列宝贝

　　智能单列宝贝模块在页面中最多可以放置 5 个模块，单击拖入"智能单列宝贝"模块即可。单击模块界面右侧可以选择样式，也可以按照"智能商品库""分类商品库""自建商品库"等方式选择商品库。选择商品展现方式是"千人千面"或者"自定义排序"（如图 7.1.7），这是旺铺智能版特有的展示功能，选择好后点击"保存"按钮即可。

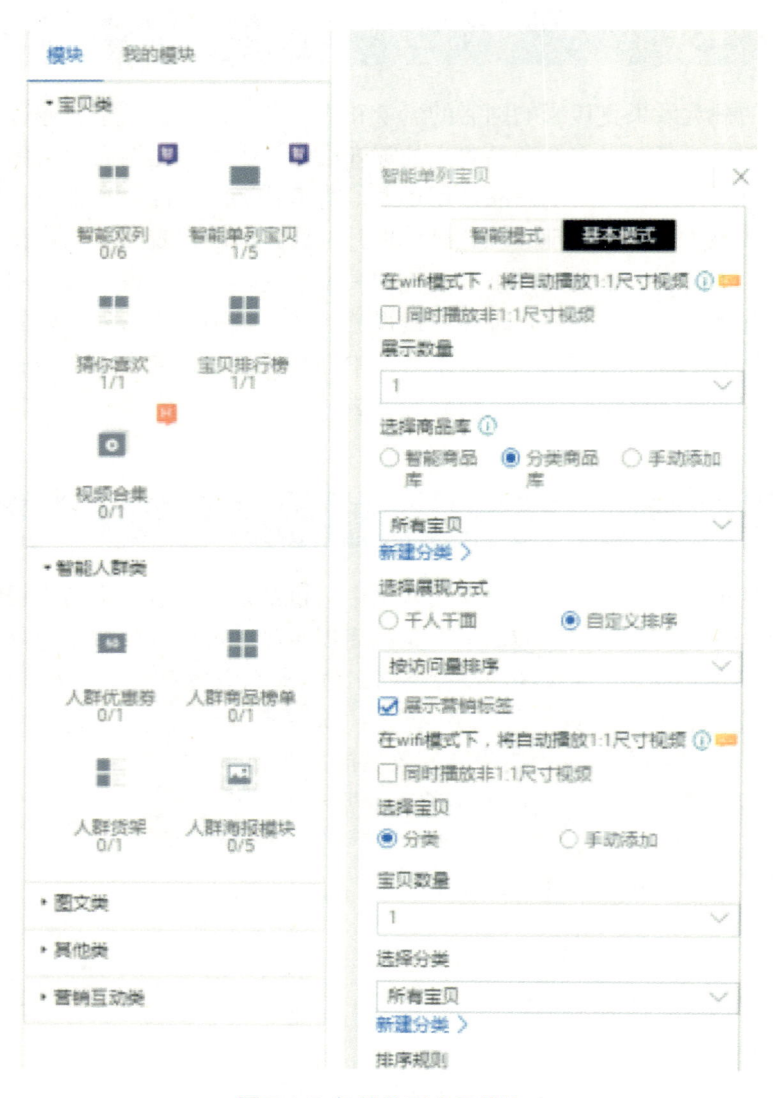

图 7.1.7 智能单列宝贝模块

3. 猜你喜欢

　　该模块只能够添加 1 个分模块，是电商平台根据消费者的个人偏好智能地推荐相对应商品的模块。本模块和其他模块相比较为特殊，因为商家不能够自定义设置本模块。

第7章 手机端网店视觉装修设计

4. 宝贝排行榜

宝贝排行榜模块显示的是销量排名前三的商品，可展示店里热销商品，也可以是某个类目下的热销商品，快速引导消费者关注并购买店内热销商品。

5. 视频合集

视频合集模块中放置由网店商品头图视频组合而成的视频合集。视频更能全方位地展示商品，该模块至少需要两个商品视频。

二、智能人群类模块

智能人群类模块如图 7.1.8 所示。

图 7.1.8 智能人群类模块

1. 人群优惠券

人群优惠券是进行权益分层的模块。单击鼠标从下一级页面左侧模块栏中将"人群优惠券"模块拖入页面装修区后，在右侧分别对新客、老客、会员（如有建立会员制度）设置不同优惠券的适用人群，如若没有相应优惠券则需要去优惠券后台点击添加优惠券。

2. 人群商品榜单

人群商品榜单是进行货品分层的模块。根据数据分析，"新客推爆品、老客推新品"是最常见的运营策略。系统会提供"热销""新品""热卖"三种类型榜单供商家选择，系统将自动根据不同的维度进行个性化推荐。单击左侧模块栏中的"人群商品榜单"模块，将其拖入装修区域模块后，在页面右侧对新客、老客、会员（如有建立会员制度）分别设置不同榜单类型，设置完成后，点击"保存"按钮完成设置。

3. 人群货架

人群货架是"智能识别人群属性、智能生成模块样式、智能进行商品推荐"的智能推荐模块。相比于以往的智能推荐模块（如"智能双列宝贝""猜你喜欢"等），人群货架

视觉营销

是不区分人群特征、行业特征的纯算法推荐，它不但能够智能识别消费者的来源（如付费推广海报、关键词搜索等），而且能够根据人群特征及行业特征进行更精准的商品匹配；同时，人群货架直接展现部分主推商品。人群货架提供了种类繁多的智能模板供商家使用，使其可以快速便捷地完成配置。单击模块栏将"人群货架"模块拖入页面装修区。在页面右侧模块设置区点击"设置货架"；选择"人群推荐模式"，二选一进行设置；选择展示的图片样式，可预览效果。设置完成后，系统会通过智能美颜切图的形式，面向不同人群自动推荐商品。

4. 人群海报模块

人群海报模块是引流分层模块。单击左侧模块栏将"人群海报模块"拖入页面装修区域；拖入模块后，在右侧设置对新客、老客、会员（如有建立会员制度）分别配置海报与链接，设置完点击"保存"按钮即可。

三、图文类模块

图文类模块如图 7.1.9 所示。该模块内容较多，下面选择几个常用模块做详细介绍。

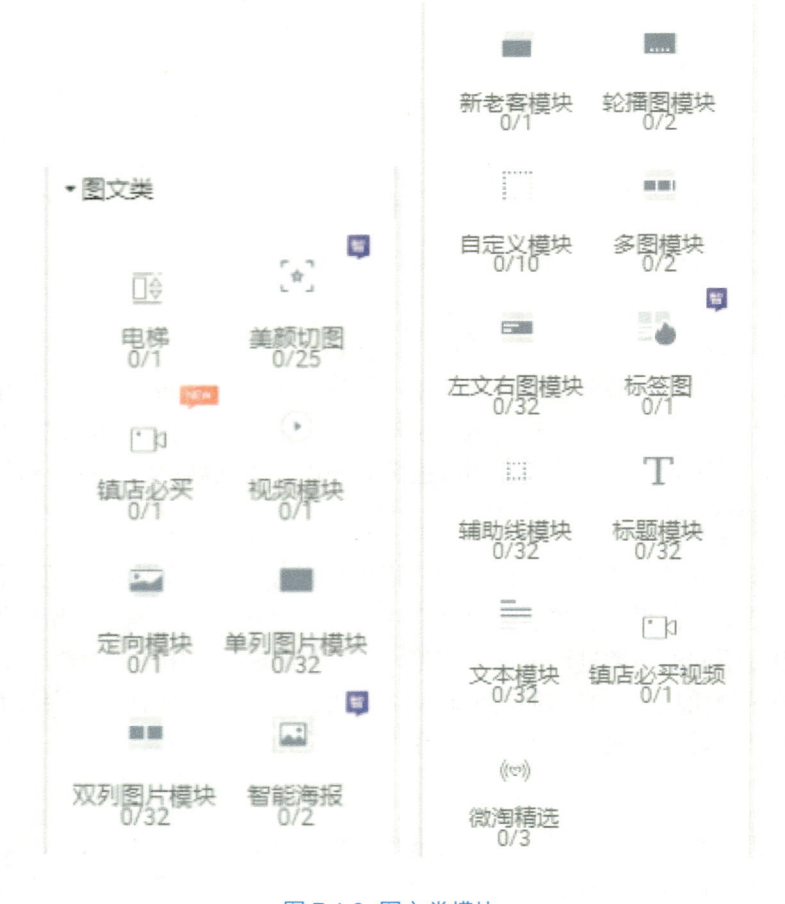

图 7.1.9 图文类模块

1. 电梯

电梯模块可使消费者在首页快速定位到商家设置的分类场景，提升消费者的浏览效率。需要引起重视的是："电梯"中的"楼层"需要是装修首页时已装修完成的模块；可任意设置"电梯"的层数；另微淘精选不支持勾选。"楼层"的图片尺寸要求为 80px×80px，并且是素材中心图片空间审核通过的图片，"楼层"名称在 5 个字符以内。值得注意的是，电梯模块不支持添加超链接。

2. 美颜切图

由于美颜切图模块支持商家自主上传图片进行页面设计，并可快速设置热点，所以受到多数商家的欢迎。随着商家全面进入消费者运营阶段，此模块也支持商家进行人群定向的设置。和过去整个页面级的千人千面相比，本模块在操作成本上更加直观，在操作实践中更加便捷，同时打通了消费者运营平台中各受众人群的通道，商家在消费者运营平台设置的各受众人群均可在此模块应用。

3. 视频

视频形式的模块更容易抓住消费者的眼球。单击视频模块拖动至编辑区域后，可以开始编辑视频模块属性；点击"添加视频"文字链接，在"互动视频"窗口中，勾选要添加的视频，点击"确认并编辑"按钮，开始编辑选择的视频；最后点击右上角的"完成编辑"按钮返回到视频模块参数设置中，命名视频名称，点击"保存"按钮即可。

4. 单列图片

单列图片模块只能上传一张图片和一个超链接，图片要求宽度 750px，高度 200～950px。该模块和 PC 端网店海报的功能相似，但是不可以轮播。

5. 双列图片

双列图片模块的图片尺寸建议为 296px×160px，此模块可以用作商品推荐模块，可以并列设置两个商品，也可以放置优惠券或者商品分类等模块来促进销量的提升。

6. 轮播图

轮播图模块的图片建议尺寸为 640px×320px。此模块最多可以设置两组，每组最多可以放置 4 张图片。在轮播图模块中可以设置活动页面和分类页面，近期网店的活动海报和主推商品海报都可以放到里面。

7. 左文右图

左文右图模块的图片建议尺寸为 608px×160px。该模块一般在左侧插入文字、右侧插入图片。本模块可以设置成单品的活动页面，也可以设置成网店的优惠券模块。

8. 文本

可以把网店商品的风格定位、适用人群以及商品主推优势以文本形式在本模块展示。

9. 镇店必买

该模块是"网店大促必买商品盘点介绍＋网店大促玩法介绍"的视频模式，视频中的口播引导消费者加购、收藏、领取权益。其内容需要包含以下三点：

第一，网店大促主推商品清单，要求卖点突出，可以结合网店当前营销热点；

第二，网店大促优惠及权益玩法介绍，权益领取方式介绍；

第三，口播提示＋字幕＋特效。

2≤商品数量≤9。视频尺寸比例必须为 9:16 或 9:16，清晰度≥720p；30s≤视频时长≤180s。具体视频画面结构布局如图 7.1.10 所示。

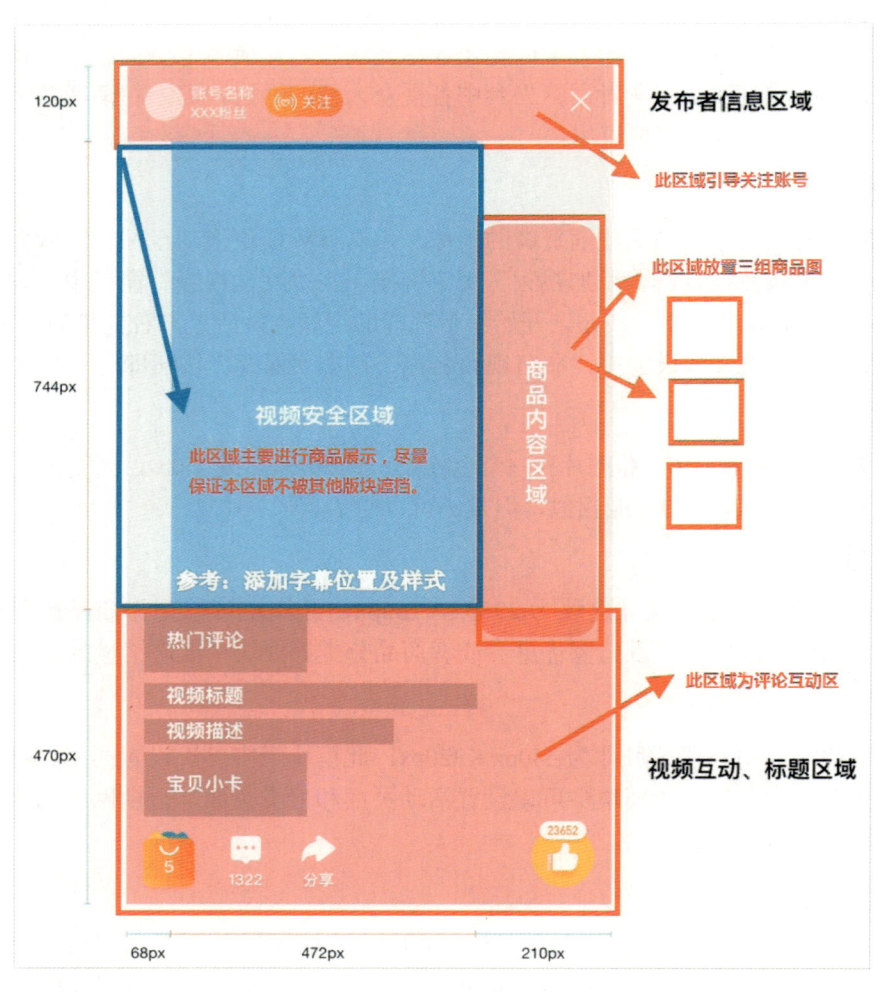

图 7.1.10 视频画面结构布局图

10. 微淘精选

微淘精选模块是十分实用的宣传工具，在这里可以进行各种形式的内容营销，从而提升网店销量，实现网店无线流量的高转化。目前手机端网店的流量已经远远超过了 PC 端网店的流量，越来越多的消费者喜欢去逛微淘精选，就像刷微信朋友圈一样，因此选择微淘精选这样的途径展示网店商品的效果十分显著。商家在该模块中把商品设置为精选，可以进行活动营销，还可以与消费者互动，微淘精选是商家展示商品和活动的一个有效途径。

四、营销互动类

本模块中拍卖主题模块、电话模块的设置比较简单便捷，这两个模块都是最多添加 1 个内容，添加后简单设置即可。本部分重点讲解以下四个模块。

1. 优惠券模块

优惠券模块在首页最多添加 1 个，要先创建优惠券，再添加进模块展示。优惠券类型有两种：免费优惠券和付费优惠券。免费优惠券中的商品优惠券每天最多创建 3 个，且每种面值只能添加一个。付费优惠券需要先订购再创建。编辑该模块时，可自动添加，也可手动添加，手动添加可展示 1～6 个；优惠券图片样式可自定义制作添加。

2. 活动组件模块

该模块中的展示内容需先创建，其中买家秀、投票、天天特价、分享有礼、免费试用、网店宝箱是免费工具。网店首页最多展示进行中的三个活动。

3. 专享活动模块

该模块固定展示在会员关系管理中创建的活动。添加该模块后，单击"创建专享活动"，创建成功后自动同步信息。活动图尺寸：608px×192px，文件大小＜50K。活动商品数量 6～30 个。

4. 活动中心模块

该模块固定展示营销中心中的活动，先创建活动再添加模块展示。格式为"活动图＋专题页"。活动图尺寸建议 608px×361px，图片类型为 jpg 格式和 png 格式。

五、其他类

其他类模块如图 7.1.11 所示。该模块区域可以展示主推商品的文案，也是吸引消费者的一个重要模块。

图 7.1.11 其他类模块

| 视觉营销

【活动实施】

想一想：
打开手机淘宝任意的网店首页，查看其首页布局，分析其导航走向和整体框架。

做一做：
打开淘宝网店后台，试着按照学习到的知识设置手机淘宝网店首页。

【活动评价】

纵观手机淘宝各种网店的首页，虽然主营商品不同，装修风格也各有不同，但是它们在布局、结构以及内容设计上都会遵循一些基本规律。小明经过观察找出规律后，就开始着手进行手机淘宝首页的装修。

活动3　手机端网店首页的装修

【小任务】

虽然手机端网店能给消费者带来更好的用户体验，但是良好的体验过程并不足以让消费者立刻做出购买决策，他们还注重商品的个性化等问题。首页在整个网店中的重要作用是，通过视觉、氛围等手段向消费者展示商品与服务，让消费者对网店以及品牌产生深刻印象。现如今，网购是消费者基于图片了解商品的基础上来完成消费的，"图片为王，视觉为主"的时代也已经到来。因此，在进行网店首页装修设计的时候，商家考虑要如何展示自己的商品，才能够快速地吸引消费者、留住消费者。如果不能留住消费者并转化流量，商家前期的工作都会功亏一篑。本次任务小明要思考如何设计自家网店的首页。

【活动指导】

一、网店首页色彩设计对视觉营销的影响

色彩丰满了品牌的内涵，一些无法用文字表述的东西，甚至是一种感觉，通过色彩的搭配、多元素的设计、图形的组合、背景的烘托等方式可完整地营造出一个氛围。让消费

第 7 章　手机端网店视觉装修设计

者在浏览页面时，通过这种氛围所形成的心理暗示对网店的品牌和商品产生好感，从而产生购买的欲望。下面来分析一些不同的手机端网店首页色彩运用的案例，通过这些案例来感受首页色彩对网店整体视觉营销起的作用。

如图 7.1.12 所示，白色包装的商品主体可以让人感觉宁静、安全、纯净，仿佛透过页面就能闻到牛奶的味道，让人放心，使人感觉有很高的营养价值。从视觉感受到味觉感受的桥梁就是颜色，多感官的信息传达比单纯文字的表达效果更好。

如图 7.1.13 所示，某品牌化妆品首页的深蓝色页面让消费者从页面上感受到的是海洋、自由自在、补水、美白等信息。品牌商家营造的这种深蓝色大海的氛围让人十分向往，符合这个系列商品美白的定位，深蓝色也是这个品牌的标志性的主题设计颜色。

图 7.1.12　首页色彩运用案例 1　　　　图 7.1.13　首页色彩运用案例 2

从案例中可见，不同的颜色主题、不同的元素给予消费者的心理暗示都是不同的。因此，商家设计者在首页装修时不能仅仅制作营销模块，还要通过设计适合品牌和商品内涵的色彩组合来从视觉上丰富页面，让消费者从这些丰富的元素中受到氛围的感染，全面接收视觉感官的信息，达到促进销售的效果。

| 视觉营销

二、手机端网店首页装修的注意事项

1. 注重感官的习惯性与舒适性

人们通过操作智能手机与之进行互动，手机端网店装修也因手机的基本特征而形成了独特的装修特点。比如手机端网店与 PC 端网店的设计方式不同的是，手机端淘宝网店图片展示时设计有可供消费者进行放大与缩小控制的页面功能，消费者可以通过触屏对页面的图片进行放大与缩小控制（如图 7.1.14），让人可以清楚地浏览到页面中的信息。手机端网店首页在装修时，要注意其结构和商品系列要清晰明了，布局要错落有致，可以使用列表式和图文搭配式设计来避免消费者产生视觉疲劳。

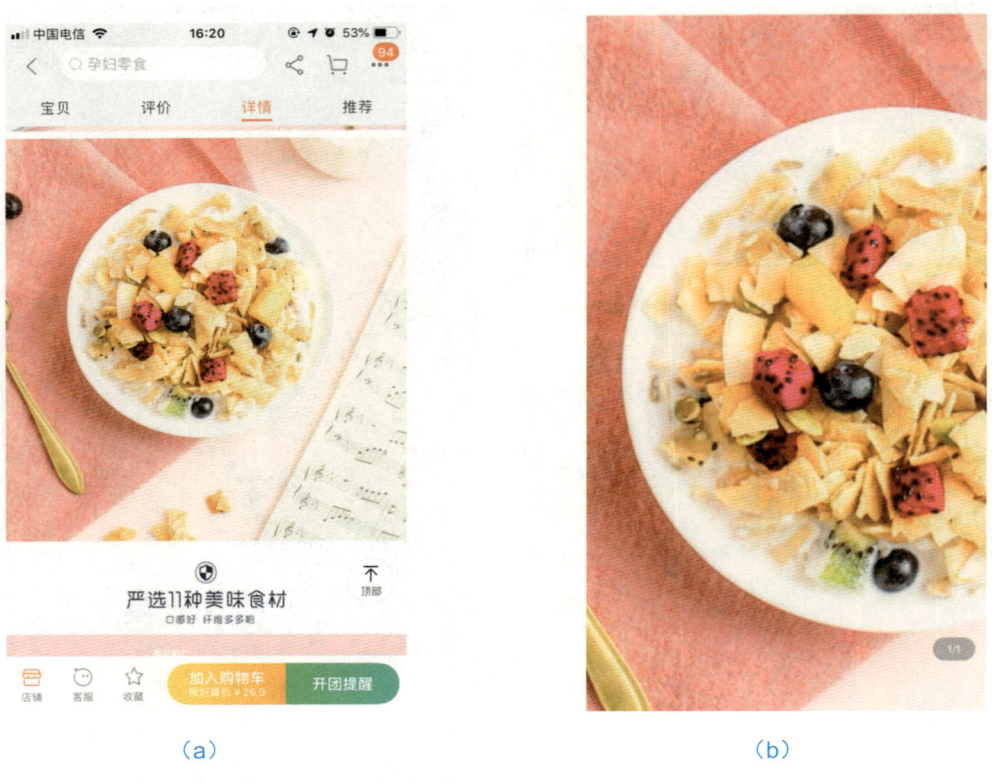

（a） （b）

图 7.1.14 图片的放大与缩小控制

2. 页面整体风格的统一

图 7.1.15 中的网店首页采用了灰色、黑色作为图片的主要背景色。但到了网店的后面几屏，商品展示图片却并没有去延续这样的色调，有浅色底图片，也有深色底图片。后几屏基本色调没有能够和之前的灰、黑色调相融合，整体色彩设计没有做到风格统一，这样的首页装修是不完整、不协调的。同时，首页选择深色系为基本色调，特别是灰、黑色，会整体显示出一种沉重感，不利于给消费者带来愉悦的浏览体验。

第 7 章　手机端网店视觉装修设计

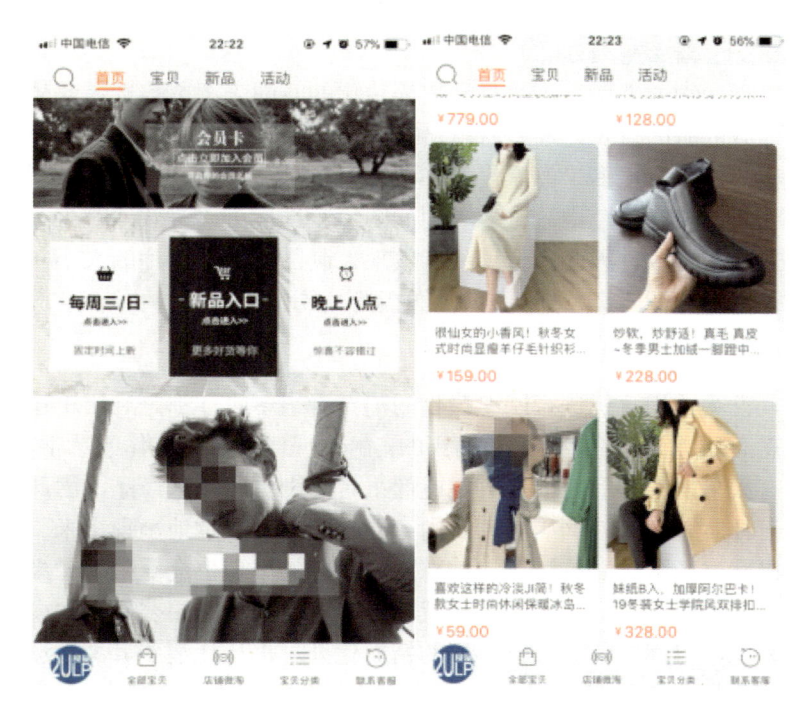

图 7.1.15　页面整体风格案例 1

相反，鲜艳明亮的色彩通常能够给消费者带来视觉上的愉悦体验，相对于暗沉颜色的页面会获得更高的关注度，更容易激发消费者的购买欲望（如图 7.1.16）。

图 7.1.16　页面整体风格案例 2

视觉营销

3. 合理控制消费者等待的时间

使用手机进行购物的消费者多数是利用碎片化的时间来浏览与选择商品。如果网店中的图片与信息加载的时间过长，消费者就会失去耐心，甚至失去购物的兴致。导致网店页面加载时间过长的因素有很多，商家没有办法逐一控制与排除，但可以做到控制网店中商品图片的尺寸大小，或者避免堆放过多无用的图片，这样可以有效地减少图片加载时间，使网店页面快速加载完成。因此，合理并有效地控制网店商品图片的大小，可以合理控制消费者等待的时间，为消费者营造更为愉悦的购物氛围。

4. 页面信息精简化

前面提到，喜欢使用手机进行网上购物的消费者很多时候都是利用工作与学习的空闲碎片时间对所需商品进行浏览、挑选与购买的。由于现代人社会工作或者学习任务的繁重，大多数人并没有太多的耐心和时间一直在电商平台中浏览和挑选商品，因此在进行手机端网店视觉装修设计时，需要使网店图片和内容能快速又高质量地呈现出来。由于手机端网店首页受到手机载体的限制，其屏幕尺寸有限，信息的呈现也会受限。如果信息量过大且商家不进行筛选和简化讯息的话，消费者就不能快速找到自己想要看到的内容，很大概率会选择离开。因此，对网店信息进行必要的精简化处理也是让消费者高效浏览与接收信息的关键。手机端网店页面的文字信息应当尽量简化，要多利用图片来表现信息。现在是"读图"时代，只有被图片吸引后消费者才会迅速阅读页面中的部分文字。

三、网店首页装修设计的逻辑

手机端网店首页不同于商品主图和商品详情页，它是一个综合性的门面，不仅要全面展示网店的综合信息，还要分主次地进行页面内容安排。

首页整体设计要整洁统一，要有层次感。无论是什么平台的网店系统模块，在布局方式上都是按照相同的展现方式进行统一布局。首页第一屏作为视觉重点，是整个首页的重要区域。网店风格影响着网店的布局方式，因此确定合适的网店风格是网店布局的前提。

网店的活动和优惠信息要放在首页重要位置，如轮播海报图或活动导航栏。这些图片中的内容设计要清晰、一目了然，并且可读性要强。在商品推荐模块中推荐的爆款或新款不宜过多，其他商品可通过商品分类或商品搜索将消费者流量引至相应的分类页面中。收藏、关注和客服等互动性版面是商家与消费者互动的销售利器，这些版面可以提升消费者忠诚度，提高二次购买率。

商家需要将商品分门别类，在分类导航栏详细地列举出商品类目，这样有助于消费者搜索，方便他们快速找到目标类目及商品。

【活动实施】

想一想：

请思考小明家芒果手机端网店首页的装修设计思路。

第 7 章　手机端网店视觉装修设计

做一做：

试着帮助小明根据芒果的特点进行手机端网店首页装修。网店设计要主题明确，布局合理，风格统一，内容完整。

【活动评价】

通过学习，小明和同学们了解到手机端网店的装修风格并不是越华丽越好，有些网店更适合简洁明了的风格。同学们分组完成网店装修，在任务完成后，组间进行相互点评。

7.2　关键模块设计

活动 1　店招设计

【小任务】

小明开始着手手机端网店的装修，他发现要想让消费者第一眼就被网店吸引，网店各个模块的视觉设计是很重要的。想要让消费者对自己的网店或者商品产生兴趣，就要仔细地分析目标受众群体的喜好，然后在后面的设计中完成信息的传递，并且运用恰当的手法展示出来。与 PC 端网店首页的设计方法类似，网店的关键模块设计可以根据商品、网店、品牌的设计风格来确定其设计方式与整体风格。我们可以将手机端网店设计的逻辑关系汇总为图 7.2.1。

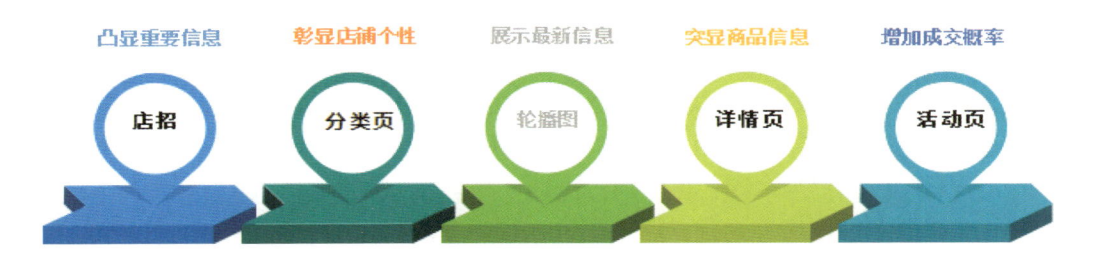

图 7.2.1　手机端网店设计逻辑关系汇总图

视觉营销

【活动指导】

店招相当于一个网店的招牌，通过视觉效果、氛围和服务来达到营销目的，使消费者一进入网店首页就能对网店整体有直观的了解。下面先讲解店招的定位与设计，再对制作店招的技巧进行介绍。

一、店招的定位与设计

店招的首要目的和重要作用就是表述、说明网店"卖什么商品"这个信息，让消费者一眼就能明了，然后才是传达网店里的促销信息。在设计中如果只侧重于堆叠促销信息，而不重视对网店整体定位的表达，就犯了本末倒置的错误。有营销头脑的商家会有意识地去观察目标消费者，并做好网店整体发展规划。如果说在网店商品设计的前期要发现消费者的喜好，寻找和迎合消费者各种需求，那么网店开始营业后就要清楚准确地向大众展示自己的整体定位。如果连自己的网店定位都表述不清，就会在茫茫的电商大军中迷失以致失去自己的特色，最后被消费者遗忘。想设计出受到目标消费者群体欢迎的店招，首先是要找准定位，这要经历三个阶段：自我定位、提炼信息和传达信息。

（1）自我定位。自我定位就是在店招设计之前要进行自我审视和剖析，对自己的网店有一个清楚、明晰的自我认识，找准网店的位置以及目标消费者。在表达定位时，如果文案做得不好，视觉设计再好也难以弥补。因为没有要表达的核心信息和中心思想，再精美的画面也没有丰富的内涵，是空洞无意义的。所以找准自我定位是设计店招的第一步，也是重中之重。

（2）提炼信息。完成自我定位之后，大多数商家会发现想要表达的文字很多，这时就需要把有用信息反复进行提炼，使最后提炼出的文字简短而有力、直击人心。让消费者一眼就能清楚地看到、感受到、理解到。多数情况下，消费者关注店招的时间可能只有短短几秒，因此店招的设计必须做到精准、明确。深入人心的广告语和形象的标志比一大段缺乏主旨的文字表述效果要明显。

（3）传达信息。经过以上两个阶段之后，商家就要把经过精确提炼的、符合自我定位的内容通过图片、文字信息传达给目标群体。对于店招来说，店名固然很重要，但电商平台中相似的店名太多，想让消费者单纯地记住店名存在一定的难度。结合特殊的典故或者故事，赋予店名灵魂，才能让店名生动、活泼、丰满起来。在设计店招时，要创造兴趣点和记忆点，需要考虑表达的方式是否容易被大众接受，以及大众理解起来会不会存在障碍等，还要考虑店名的谐音；特别要避免店名起得特殊，与店内商品关联度却不高的情况，这样的店名也很难被消费者真正理解和牢记。

如图7.2.2所示的网店首页背景店招图设计较为合理，除了有品牌的标志以外，右侧的广告语有力而简洁，能够给消费者带来一定的依赖感，引起消费者的兴趣。

图 7.2.2 店招案例 1

如图 7.2.3 所示的店招，店招底图选择了一张附有主打商品的图片，与店名、网店形象密切关联，还搭配了简单的文字描述，让消费者可以清楚地阅读，在进入首页的时候立刻能通过店招文字了解网店的性质和网店特点。

图 7.2.3 店招案例 2

二、店招的设计技巧

店招的主色可以选择明亮的颜色，设计的图案也要易于识别。其构图要尽量和其他网店有所区分，追求个性化、富有深意，才可以体现出网店独具特点、个性的一面。设计店招的时候要注意与网店整体风格保持统一，否则会显得突兀且不协调；而且店招所显示的信息要精炼且准确，各种信息往上堆叠会显得内容杂乱。为了不盖过店名等重要信息的风头，设置店招时可以使背景图片透明度呈渐变显示，注意整体效果。店招的设计有以下三个技巧。

| 视觉营销

（1）店招设计要有识别性，就是要让别人一看到就能识别出来。店招要展示网店的独特性，传递关键信息。

（2）店招要保证统一性，这是指要和网店的理念、文化、经营内容和定位保证统一，这样才能获得消费者一致的认可和信任。

（3）店招要具有延伸性，其可以运用最广泛和使用频率最高的要素来表达信息，也可以采用对应性、延展性的变体设计，切合最适宜的效果表现，这样能在消费者心中留下比较深刻的形象。

【活动实施】

想一想：

（1）店招的设计技巧包括哪些？
（2）店招提炼信息需要注意的是什么？

做一做：

请制作一个灯具网店店招，要求从网店定位的基础上进行制作，体现品牌文化。

【活动评价】

通过完成这个小任务，同学们明白了店招设计的重要性，初步掌握了设计店招时的几个小技巧，找准了自我定位，为下一步的设计工作做好准备。

活动2　分类导航模块设计

【小任务】

在手机端网店首页当中，分类导航模块是必不可少的，关乎着消费者的购物体验。如今人们通常利用碎片化时间逛网店，不会花太多时间在网店慢慢搜索商品。如果网店没有分类导航模块将会显得十分混乱，网店消费者跳失率会比较高。本次任务就是学习分类导航模块的设计。

第 7 章　手机端网店视觉装修设计

【活动指导】

一、如何进行商品分类

商品分类是实行现代化管理的前提，进行商品分类有利于消费者了解商品特性。每一种商品就一个分类（一级类目），如果没有子分类，这个分类下就会挂靠该类目下的所有商品。当商品的数量达到上百种，甚至上千种的时候，一级类目就满足不了分类需求了，这个时候就出现了多级类目的概念，也就是我们所说的"类目树"。网店类目树一般三级左右为宜，尽量不要超过五级。电商有一个定律叫"漏斗模型"，也就是商品的层级越深，消费者流失量越大，就像漏斗一样，越往下口越小。因此进行商品分类的时候，类目层级深度不能太深。

二、分类导航模块

首先我们先分析没有单独设置导航栏的网店，如图 7.2.4（a）所示，全页分类信息混乱，一二级分类区分度不高；仅由文字表达信息，重点不突出，内容的吸引力较低；风格简单，欠缺美观。为避免目标群体流失，建议重新设置分类导航模块。

在图 7.2.4（b）中，左侧导航栏能够在有限空间内曝光较多的一二级分类。曝光分类数量多于顶部导航栏，消费者查找一级分类的效率更高。商品分类模块的设计必须以该网店的风格为基础。商品分类中，分类名称必不可少，且最好是中文。可以根据需要添加分类图标，便于消费者直观查看。但是同级商品分类不宜太多，可根据商品分类添加子分类，便于消费者查找商品。

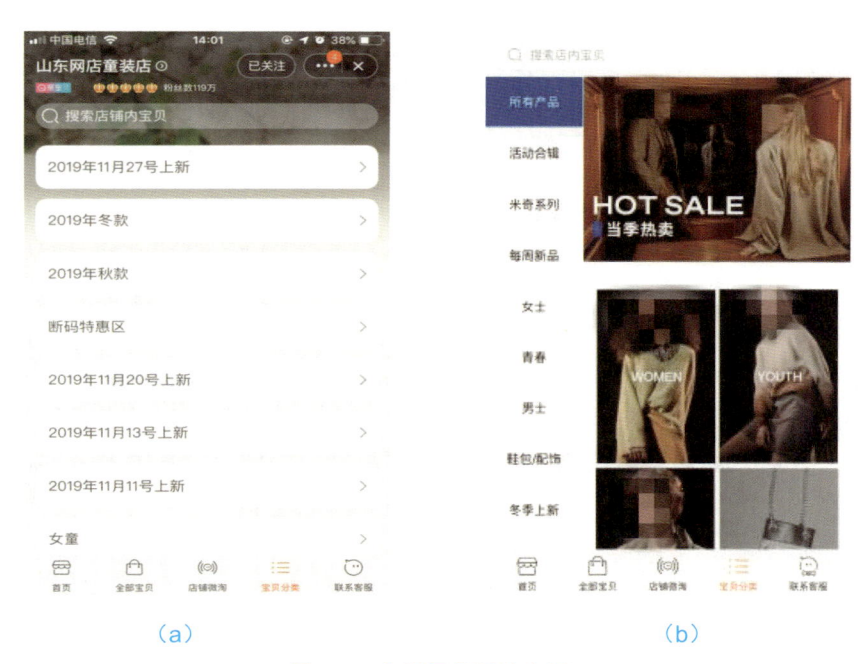

（a）　　　　　　　　　　　　　（b）

图 7.2.4 分类导航设计案例 1

213

视觉营销

　　手机淘宝网店的商品分类导航设置可以让分类内容更清晰，同时也支持二级以上的商品分类，让消费者浏览更高效。如图 7.2.5 中除了左侧有商品导航栏，底部也设置了网店导航栏，帮助消费者浏览查找目标品类。

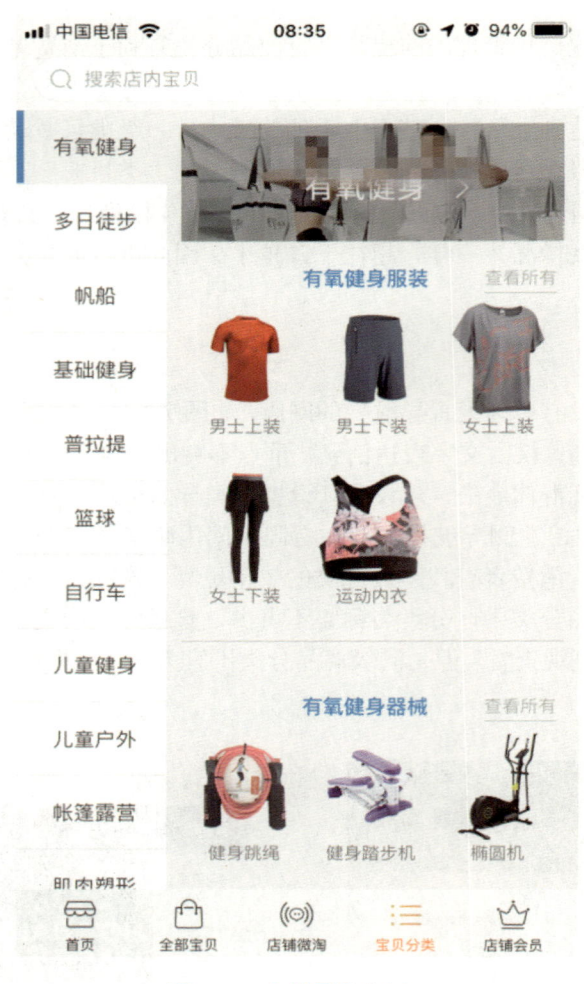

图 7.2.5 分类导航案例 2

　　图 7.2.6 为手机淘宝（v9.2.1）"宝贝分类"设置页面。注意：本版分类设置页面只适用于本版的手机淘宝网店，老版网店分类还是用旧版分类设置页面维护；本版最多支持三级分类，如果网店商品不具备三级分类，可将二级分类与一级分类设置相同名称。要注意控制好导航栏的尺寸与比例，使内容能够清晰完整地展示在消费者面前，起到快速导航的作用。

第 7 章　手机端网店视觉装修设计

图 7.2.6　"宝贝分类"设置页面

【活动实施】

想一想：

为什么要进行商品分类导航模块设计？

做一做：

请试着为一家女装店进行商品分类导航模块设计。

【活动评价】

通过本活动的实施，同学们知道了在网店设计中分类导航模块的重要性，学习了如何更加精确地进行商品分类导航设置，让消费者的购物更便捷、轻松。

活动 3　商品详情页设计

【小任务】

商品详情页是整个网店的亮点和焦点，几乎每个进入网店的消费者都会浏览商品详情页。商品详情页设计得合理，不仅可以激发消费者的购买欲望，同时还能增加消费者对网店的信任度，有效提升网店的转化率。那么如何对商品详情页进行设计，才能最大化地发挥其作用呢？

215

| 视觉营销

【活动指导】

通常商品详情页和商品主图、标题要相契合，并且要反映出商品的真实属性。本活动将介绍商品详情页设计的作用、商品详情页展示的影响因素、商品详情页展示的类别和商品详情页的排版。

一、商品详情页设计的作用

一个设计严谨的商品详情页，带有驱使性的直观阐述，能够使得消费者在停留的短暂时间里，产生购买欲望，提升转化率。

二、商品详情页展示的影响因素

消费者在选择浏览网店的商品详情页时，主要受到商品标题、商品主图与价格三个方面因素的影响。一个商品标题被限制为不能超过 30 个汉字，商家需要考虑如何充分发挥它的作用。一般商品标题公式为两种："品牌 + 名称 + 用途 + 热词"或"品牌 + 名称 + 用途 + 热词 + 货号"。商品图片的饱满度直接影响了商品的档次，具体格式可以为"大图 + 细节 + 颜色"。在关键词的提取方面，要最大限度地关联商品标题。价格是一般消费者最关注的因素。商品详情页主要受这些因素影响。

三、商品详情页展示的类别

在商品详情页中，为了让消费者真实地感受商品的实际效果，通常要展示商品的细节、搭配等内容（如图 7.2.7）。由于对商品的不同描述需要在同一个页面中展示，所以在设计中要注意把握好页面整体风格的统一性。

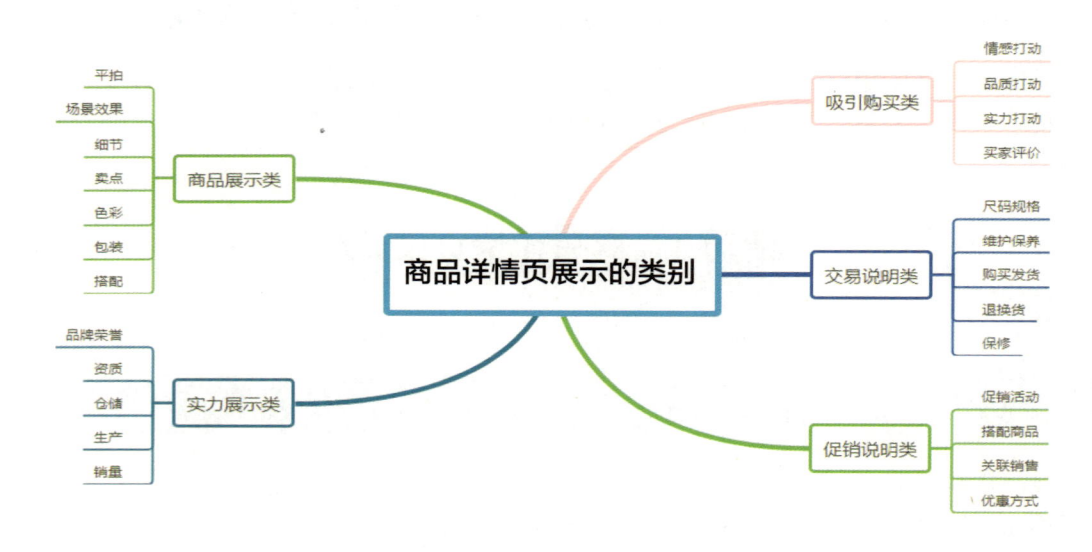

图 7.2.7 商品详情页展示的类别

四、商品详情页的排版

商品详情页的排版大概包含以下几部分：大海报、商品概况、情景展示、商品展示、细节展示、质保信息、品牌信息等。如图 7.2.8 所示的商品详情页用色彩清新且富有创意性的大海报来吸引大众眼球。

图 7.2.8 商品详情页排版案例 1

如图 7.2.9 所示的商品详情页中的商品基本数据和信息可以让消费者对商品更加了解。

图 7.2.9 商品详情页排版案例 2

视觉营销

在商品详情页中，情景展示侧重于展示一些商品的使用方法等（如图 7.2.10）。

图 7.2.10　商品详情页排版案例 3

在商品详情页中，要尽可能详细地提炼商品功能卖点，对几大核心卖点进行详细描述，让消费者对商品有更深入的了解（如图 7.2.11）。

图 7.2.11　商品详情页排版案例 4

第 7 章　手机端网店视觉装修设计

最后要加入购买商品的附加保障信息，进一步提升消费者对本网店、品牌及商品的信赖感（如图 7.2.12）。

图 7.2.12　商品详情页面排版案例 5

【活动实施】

想一想：

（1）如何制作商品详情页？
（2）商品详情页主要由哪些部分组成，每个部分是怎么设计制作的？
（3）如何在商品详情页中体现视觉营销，是从哪些方面体现的？
（4）商品详情页中消费者的流失主要有哪些原因？

做一做：

（1）请利用搜集的素材制作一款女包的商品详情页，在制作时要将女包的百搭性体现出来，可以通过不同的人物穿戴进行搭配，并通过细节展现商品的品质。
（2）请利用搜集的素材制作一款旅行包的商品详情页。根据旅行包的风格，选择橄榄色和深绿色作为主要搭配的颜色，给人带来户外旅行的清新感。在展示内容上，主要有商品设计理念、商品信息、商品细节、快递与售后等内容。

| 视觉营销

✏【活动评价】

通过学习，同学们了解了设计商品详情页要传递商品价格、材质，以及服务保障等信息，是网店设计中的一个重要环节；打造一个优秀的商品详情页，能够有效地提高转化率。

活动 4　活动页设计

⏩【小任务】

在设计网店活动页的时候，可以根据重要的程度将对网店销售有利的活动信息在网店首页上方的黄金位置依次进行展示。例如，将主推商品活动信息设置在曝光率高的广告位。网店促销活动信息同样也要放置在醒目的位置，方便消费者入店之后迅速了解活动信息，提高网店的成交率。

📖【活动指导】

在大促节日时，要将优惠券和促销信息放在网店首页最上方最醒目的位置，因为消费者在网店促销时期对商品价格特别敏感。部分消费者就因为打折促销而进入网店。网店大促时的首页也可以全部设置为活动商品的推荐，把首页暂时作为活动页来设计也是商家惯用的一种方法。活动页设计需要考虑以下三点。

一、优惠券设计

优惠券设计是网店用于吸引消费者的一种重要促销手段，通常情况下会被放在网店首页的明显位置，这样可以在第一时间引起消费者的关注，使其在网店中停留并激发其购买的欲望。每个人都希望自己所购买的商品物美价廉，因此在相似商品的情况下，参加优惠券折扣活动的商品对于消费者而言更具有诱惑力。在进行手机端网店的装修设计时，商家一般都将优惠券放在店招或轮播图片的下方，并留出足够的空间，使用较为鲜明的色彩（一般选择红色、橙色），让消费者能够快速注意到优惠券。只有这样才能真正发挥其引流与促进转化的作用。网店中的优惠券设计，虽然不一定使用非常绚丽的图案设计，但其主体色与背景色的搭配能让优惠券在网店首页整体的色彩环境中相对突出，也同样会引起消费者的注意。

第7章　手机端网店视觉装修设计

二、活动页布局和商品展示区的设计

活动页中的每一张图片都是用来吸引消费者点击的商品展示，其中的商品除了可以选择网店中热销商品外，还可以选择临近下架时间的商品。因为临近下架时间的商品会获得淘宝的优先展示机会，有一定的概率让消费者优先浏览。但要注意的是，商品下架后商家应及时进行跟进处理，避免网店页面出现空位，影响整体美观。

活动展示区中每一个商品的名称要全面、精准，不能太过复杂或是太过简单，以能精准体现商品名字和卖点的名称为最佳。可在搜索栏中了解商品名称的搜索难易程度，并及时进行修正。在设计过程中要保证商品的真实性，并且要有足够多的商品存量来支撑货品上架和推荐。

三、活动页的作用

设计活动页的目的十分明确，不需要推荐过多商品，以免分散消费者注意力。活动页的作用主要有以下三点。

（1）清仓；
（2）盈利；
（3）引流。

因此，我们在进行活动页设计的时候要注意营造火爆的促销氛围，画面颜色不要过于冷清，多使用明快的纯色作为主色调，暖色调十分适合打造促销氛围；尽量营造火爆的画面效果，为消费者创造视觉上的冲击，制造感官上的刺激。

【活动实施】

想一想：

（1）请列举几个你认为在设计上有视觉感的手机端网店活动页并说明原因。
（2）请思考在设计活动页时，除了设计"抽奖大转盘"外，还可以采用哪些方式。

做一做：

（1）请列举几个活动页设计的较好的手机端网店。
（2）请你为一家女鞋店双十二的营销活动设计活动页。

【活动评价】

消费者因为网店促销信息而进入店中，主推活动或者商品应设置在曝光率高的广告位，才能在第一时间牢牢抓住消费者眼球。因此，在设计网店活动页的时候，将对网店销售有利的信息展示在黄金广告位上，能增加网店的成交率，达到开展活动的目的。

视觉营销

【任务回顾】

虽然智能手机进入了大屏幕时代，但手机屏幕相对于电脑显示屏而言，显示区域仍有限。大多数消费者已经习惯用由上至下的浏览方式进行翻阅，因此手机端网店的装修设计与 PC 端网店的装修设计也应当有明显不同。通过本章的学习和实践，同学们能够熟练完成手机端网店的视觉装修设计，掌握了对网店设计细节进行优化的方法与技巧，发挥手机端网店优势，促成网店交易。